志愿之光

照亮体育强国梦想

首都体育学院“以体育人”大思政课丛书

首都体育学院“以体育人”大思政课丛书

志愿之光

照亮体育强国梦想

首都体育学院　组编

中国发展出版社
CHINA DEVELOPMENT PRESS

图书在版编目（CIP）数据

志愿之光照亮体育强国梦想 / 首都体育学院组编．
北京：中国发展出版社，2024. 12. --（首都体育学院“以体育人”
大思政课丛书）. -- ISBN 978-7-5177-1438-5

Ⅰ. G641

中国国家版本馆 CIP 数据核字第 2024FD4264 号

书　　　名：志愿之光照亮体育强国梦想
著作责任者：首都体育学院
责 任 编 辑：钟紫君　郭心蕊
出 版 发 行：中国发展出版社
联 系 地 址：北京经济技术开发区荣华中路 22 号亦城财富中心 1 号楼 8 层（100176）
标 准 书 号：ISBN 978-7-5177-1438-5
经　销　者：各地新华书店
印　刷　者：北京华联印刷有限公司
开　　　本：889mm × 1194mm　1/16
印　　　张：14.5
字　　　数：360 千字
版　　　次：2024 年 12 月第 1 版
印　　　次：2024 年 12 月第 1 次印刷
定　　　价：88.00 元

联 系 电 话：（010）68990535　68990625
购 书 热 线：（010）68990682　68990686
网 络 订 购：http://zgfzcbs.tmall.com
网 购 电 话：（010）68990639　88333349
本 社 网 址：http://www.develpress.com
电 子 邮 件：10561295@163.com

编委会

以挑戰者精神拼搏創新

前言 | Preface

《志愿之光照亮体育强国梦想》全面讲述了首都体育学院青年服务2022年北京冬奥会、冬残奥会和2024年杭州亚运会、亚残运会工作的生动事迹和真实感受，是首都体育学院青年传递奥林匹克精神、追寻体育强国梦想的实践纪实。

2022年，在党中央的坚强领导下，中国克服新冠疫情等各种困难挑战，向世界奉献了一届简约、安全、精彩的冬奥盛会，全面兑现了“两个奥运，同样精彩”的庄严承诺。北京冬奥会、冬残奥会的成功举办，凝聚了首都各界的智慧与力量，其中，冬奥志愿者作为冬奥服务保障的主要力量，披星戴月、苦干实干，用青春的笑容和无私奉献的精神为奥运提供了暖心的服务，如同一朵朵“燃烧的雪花”，在赛场内外绚丽绽放，向世界展示了中国青年朝气蓬勃、奋发向上的形象。

在此期间，首都体育学院举全校之力，精锐尽出，尽全力当好服务保障冬奥的生力军、突击队，圆满完成了赛事志愿服务、开闭幕式表演、赛事转播服务、体育展演等工作任务。其中，首都体育学院共选派376名志愿者，于北京冬奥会、冬残奥会期间前往北京赛区和延庆赛区，在国家体育场、国家体育馆等10个场馆开展体育、媒体运行、庆典仪式、开闭幕式四个领域的志愿服务，在整个服务期内实现了零感染、零投诉、零事故，集中体现了“胸怀大局、自信开放、迎难而上、追求卓越、共创未来”的北京冬奥精神。

为深入贯彻落实习近平总书记在北京冬奥会、冬残奥会总结表彰大会上的讲话精神，继续弘扬冬奥精神，首都体育学院高度重视大学生参与志愿服务的育人价值，大力推动大型赛事志愿服务融入学校育人工作体系，于2023年9月组织师生赴杭州服务第19届亚运会和第4届亚残运会，继续上好青年服务国家这堂“大思政课”。赛事期间，首都体育学院242名志愿者作为助理工程师分赴6个城市的46个比赛场馆，参与足球、篮球、田径等56个比赛项目计时计分、电视字幕、解说席三个领域的工作，圆满完成了服务保障任务。

从北京冬奥会、冬残奥会，到杭州亚运会、亚残运会，首都体育学院青年持续弘扬冬奥精神，以奋斗之姿为奥林匹克事业发展、为体育强国建设贡献青春力量。为进一步总结凝练学校“以体育人”思想政治工作实践经验，继续讲好用好青年服务大型赛事的中国故事，引导青年学子成长为德智体美劳全面发展的社会主义事业合格建设者和可靠接班人，学校推出《志愿之光照亮体育强国梦想》一书。本书汇集了首都体育学院72名志愿者服务大型赛事的温暖历程和奋斗感悟，体现了首都体育学院青年通过参与志愿服务活动树立远大理想、勇于砥砺奋斗、练就过硬本领、锤炼品格修为的成长印记，彰显了首都体育学院青年以实际行动兑现“请党放心，强国有我”庄严承诺的坚定决心。

展望未来，新时代的中国青年，生逢其时、重任在肩，施展才干的舞台无比广阔，实现梦想的前景无比光明。首都体育学院将继续上好青年服务国家这堂生动的“大思政课”，努力挖掘大型赛事、重大活动蕴含的宝贵育人资源，用好“沉浸式”青年思想引领场景，向更多青年学子讲好新时代中国故事，教育引导全校青年充分汲取冬奥会、亚运会奋斗历程中的宝贵经验和精神养分，厚植家国情怀、涵养进取品格，不负时代，不负韶华，立志做有理想、敢担当、能吃苦、肯奋斗的新时代好青年，让青春在火热的实践中绽放绚丽之花，为实现第二个百年奋斗目标和中华民族伟大复兴、为奋力谱写全面建设社会主义现代化国家的北京篇章贡献青春力量！

本书编委会

2024年12月于北京

目 录 | Contents

• 上篇　冬奥会（冬残奥会）志愿者

• 下篇　亚运会（亚残运会）志愿者

上篇
冬奥会（冬残奥会）志愿者

真挚，纯粹，珍贵

郭雨琦

郭雨琦个人简介

郭雨琦，休闲与社会体育学院2020级体育旅游专业本科生，在2022年北京冬奥会和冬残奥会期间，担任延庆赛区国家雪车雪橇中心竞赛办公室助理志愿者，主要负责项目领队会召开、竞赛文件分发与汇总、竞赛成绩公布、防疫物资分发等工作。

能成为一名2022年北京冬奥会志愿者是一件极其荣幸的事情。我把最灿烂的微笑奉献给这段最珍贵的时光，这是我一生中最难忘的志愿经历。我一直相信有付出就会有回报，志愿工作中的点点滴滴也在印证着这句话。

郭雨琦在延庆赛区国家雪车雪橇中心竞赛办公室工作

不负使命，收获成长

2021年10月5日，我加入了相约北京2021 / 2022国际雪车联合会雪车 / 钢架雪车计时赛服务团队，短短21天的时间，我认识了很多优秀的人，经历了很多惊喜的瞬间，感受到了各国运动员对于北京冬奥的深切期待。这段记忆是雪白色的。从赛事结束到冬奥志愿服务开始，我利用这段时间练习英语口语，学习关于雪车和钢架雪车的相关知识，一直在为这场举世瞩目的冰雪盛会准备着。

2022年1月26日，我们宣誓出征，进入闭环，开启了我们的冬奥之旅。我所服务的场馆是延庆赛区国家雪车雪橇中心，岗位是竞赛办公室助理。这个岗位真是一点也不能马虎，容错率极低，需要我准确高效、精益求精。一进入办公室就要立刻进入工作状态，我要用最短的时间去整理和汇总各类文件。有的时候文件扎堆发送过来，我需要立刻理清顺序，并且及时判断出哪些是应该先完成的。竞赛办公室要完成各项目领队会的前期准备工作，在领队会上我们要发放比赛号码和袖标，涉及与各国领队之间的沟通，非常考验英语水平。

早出晚归是工作常态，我们吹过凌晨5点半的寒风，也见过深夜12点的星空。运动员的训练从上午开始，我们要提前约3个小时到达场馆进行准备，而比赛常常在深夜结束，我们需要等待所有运动员离开赛道后才能开始后续的整理工作。尽管如此，在长达20多天的时间里，我依旧能够有条不紊地进行每天的工作，努力克服繁重工作导致身体疲劳的困难，第二天依旧会以饱满的热情投身于当天的工作，用青春的笑脸温暖每一个人。

见证！雪游龙升起五星红旗

2022 年 2 月 11 日晚，男子钢架雪车决赛开战！最后一轮的出发顺序是按照前三轮的名次倒序排列的，这为比赛增加了极大的悬念。我国选手闫文港前三滑的总成绩位列第四，所以本轮他是倒数第四个出发。我在结束区平台上屏住呼吸，期待他创造奇迹。他全程的配速和时间一直是绿色的，领先于其他对手，失误很少。当他完成滑行的那一刻，全场沸腾，他的总成绩位列当时所有选手的第一位，此时我们离奖牌近在咫尺！倒数第三位出发的选手决定着中国队的名次，我的心也提到了嗓子眼上。最终，胜利的天平倒向我们，闫文港赢了！这是属于中国的时刻，大家拥抱在一起，喜极而泣！闫文港以一枚宝贵的铜牌实现了中国钢架雪车选手在冬奥会上奖牌“零”的突破。这是中国代表团在本届冬奥会上收获的第七枚奖牌，也是中国选手首次在钢架雪车项目中站上冬奥会领奖台。这位 1997 年出生的小将，改写了中国钢架雪车的历史！升旗仪式上，当五星红旗缓缓升起，我的眼泪夺眶而出。这是骄傲的泪，是独属于中国人的自豪，那一幕让我久久不能忘怀。如果信仰有颜色，那它一定是中国红！我能够在现场见证这历史性的一刻，三生有幸。

破防！感悟奥林匹克精神

2022 年 2 月 15 日晚，在男子双人雪车决赛上，英国队在终点翻车，此时雪车的时速是 130 千米，极其危险。全场工作人员、国际雪车和钢架雪车联合会（IBSF）官员、医护人员、运动员都迅速上前协助脱困，清理赛道。当英国队队员走出赛道的那一刻，全场响起了热烈的掌声，在场的运动员与他们拥抱，给予鼓励。

在最后一场领队会上，我把最后一个比赛号码贴交到了牙买加领队的手中，他亲切地说：“Thank you，handsome boy. Thank you for your efforts. I am very grateful to Chinese volunteers for their help to our country. This is the best Olympics Winter Games I have ever attended.”（“谢谢你，英俊的男孩。谢谢你的努力。我非常感谢中国志愿者对我们国家的帮助。这是我参加过的最好的冬奥会。”）我回答：“You're welcome. I wish your team a good result.Have a nice day.”（“不客气。我祝你的团队取得好成绩。祝你今天愉快。”）

这两个瞬间，让我对奥运精神有了更深的理解。这场盛事里没有隔阂，不分国界，不同肤色的运动员为了荣耀与梦想在此刻汇聚、挥洒汗水。赛场上的每一个拥抱、每一句称赞、每一幕温馨动人的场景，都是对“更快、更高、更强、更团结”奥林匹克格言的生动诠释。我想，这才是真正的奥林匹克精神。

真挚的爱，献给雪游龙

2022年2月14日，是我进入场馆进行志愿服务的第19天，也是西方的情人节。前一天，海坨山区下了一场暴雪，用“燕山雪花大如席”来形容再合适不过了。“银色三千界，瑶林一万重。新晴天嫩绿，落照雪轻红。”雪后天晴，银装素裹。

清晨，伴随着东方的第一缕阳光，我走在前往竞赛办公室的路上，被眼前的景象折服——山舞银蛇，原驰蜡象；海坨戴雪，日照金山。世间所有的浪漫都不及眼前的景色，此刻我想把最清澈、最深沉、最真挚的爱献给雪游龙，献给举世瞩目的北京冬奥会。

赛事期间，我虽然戴着口罩无法在各国运动员面前展露出最美的微笑，但通过肢体语言将最美好的祝福献给他们，让他们感受到中国青年的温暖，感受到北京这座城市的温暖。

从满怀期待到难说再见

2022年2月20日下午，当我坐上摆渡车返回驻地的那一刻，我清楚地明白，自己的冬奥志愿服务之旅到此结束了。看着渐行渐远的雪游龙，我向它挥了挥手，心中五味杂陈，不自觉地眼眶湿润了，脑海里浮现出这25天所发生的一切故事。一颗泪珠从脸颊滚落，不想离开，不想结束。雪游龙伫立在那，我们望着它渐行渐远，直到被群山挡住的最后一刻……

郭雨琦（右）在延庆赛区国家雪车雪橇中心雪车雪橇项目给参赛队擦刃

今日一别，不知何日再见。回顾自2021年10月5日开始的相约北京测试赛到北京冬奥会闭幕，这中间发生了太多令我毕生难忘的故事，我积累了很多终身受益的经验。同时，我也兑现了“请党放心，冬奥有我”的铮铮誓言。难忘这支优秀的团队，难忘这段宝贵的经历，难忘各国运动员对我们的认可，难忘……

“为什么我的眼里常含泪水，因为我对这片土地爱得深沉。”结缘冬奥，我们何其幸运；欣逢盛世，我们肩负重任。霁蓝湛湛，用属于志愿者的青春活力点亮奥运赛场，在这场举世瞩目的赛事中贡献一份微薄的力量，中国红、冰雪白、天霁蓝一定会是我们青春记忆里最美丽的色彩。

不再凸显“我”，而是诠释“我们”

张　茼

张茼个人简介

张茼，管理与传播学院 2019 级新闻学专业本科生，在 2022 年北京冬奥会和冬残奥会期间，分别参与了张家口越野滑雪中心和北京冰立方转播培训（BTP）项目的工作，主要提供摄像助理和翻译服务。

我是来自管理与传播学院2019级新闻一班的张茼。在2022年北京冬奥会与冬残奥会期间，我参与北京冬奥会奥林匹克转播服务公司转播培训（BTP）项目的实习工作，作为一名摄像助理服务北京冬奥会。与冰雪运动近距离接触的一刹那，我真正地感受到了“冷冰雪”是活跃在大江南北的“热运动”。我上岗44天，在这44天当中，我所感受到的美好、震撼、感恩是这个数字无法形容的，它成为我一生中万分珍贵的美好经历。

一个职位，两种体验。我既是一名场馆运营者（VO），也是一名赛事服务者（Runner）。

一月的时节，又一个春节临近。与往年不同的是，2022年的春节我将以特别的方式度过，我来到张家口国家越野滑雪中心开始了冬奥志愿服务之旅。皑皑白雪早已覆盖了越野滑雪的场地，而我是摄像助理当中最早到达的那个人，没有同伴，没有任务。我结识了早已开始工作、负责设备物资、协调整理的Runner们，正是这一契机，我开始体验于我而言新的工作，这是在冬奥之前的培训当中从未接触的新的世界。迎着朝霞，披着夕阳，我在这里跟随着他们分类整理物资，补足日常基础供给，与各方经理、技术人员沟通协调，进行翻译工作，直到一周后其他摄像助理纷纷来到，我才知道我的Runner工作即将接近尾声。

在所有摄像助理和主管经理到达之后的几天会议和部署当中，我时常临时收到赛事服务主管经理迈克尔（Michael）发给我需要帮忙翻译和沟通的消息。我及时给予力所能及的帮助，不久之后他与负责摄像技术的经理协调，让我一直留下做赛事服务工作，我十分感恩他对我的肯定，也很幸运得到了独一无二的经历与体验。Runner的工作集中在场馆，我虽然无法像其他摄像助理一样进入越野滑雪的赛场当中，但是Michael会在休息的时间轮流带我们每一个人到看台感受越野滑雪动感的魅力，即便是身处零下30摄氏度寒风凛冽的赛场之中，我依旧能感受心中的炽热，在美景中探索壮丽的雪山，看运动员们不断超越自己。

越野滑雪是一项激烈的动态运动，冰壶则是与之截然相反的静态比赛，与越野滑雪比赛热烈纷呈的现场不同，冰壶是脑力的对决。在冬残奥会期间，我在北京冰立方场馆进行的轮椅冰壶项目的比赛中参与赛事服务。幸运的是，我在冬奥会期间没有参与太多的摄像助理的工作，却在冬残奥会实现了。随着比赛的进行，我追随着摄像师进行更换电池、移动设备等工作。摄像师们在赛前会有集中的工作会议，为每场比赛的拍摄进行总结和建议，每一位摄像师都专注于自己的赛道，而众多摄像师们拍摄的优质画面就成为直播比赛的重要一环。与宽阔的越野滑雪项目不同，轮椅冰壶的比赛摄像师们比较集中，而相同的是团队的团结一心。正如北京冬奥会开幕式当中和平鸽的展示环节一样，掉队的鸽子，一个都不能少。精诚团结不仅适用于奥运赛场的运动健儿们，也同样适用于每一位参与奥运赛事服务的工作人员。

通过奥运，书写友谊的篇章

"更高、更快、更强"是奥林匹克的追求，团结是奥林匹克对友谊的诠释。"来自世界各地、完全不同的雪花汇聚到北京，成为一朵共同的雪花。"无论是在张家口国家越野滑雪中心，还是在北京冰立方场馆，来自世界各地的不同肤色、不同语言、不同文化背景的人们，紧紧地联系在一起，欢声笑语，像大家庭一样温暖。在这里，我从未感受到片刻的孤独与无措，而是与老师和伙伴们有了更深的情感关系。

我在国家越野滑雪中心服务冬奥会期间，与身处同一岗位的来自美国的提姆（Tim）成为好朋友，他是继东京奥运会之后受到邀请参与到北京冬奥会奥林匹克广播服务公司转播培训（BTP）项目当中来的。无论是经验还是相关技术能力，他都非常出众，在工作期间他给了我很多帮助，无论是语言还是工作中出现的任何问题，他都像大哥哥一样幽默而不失耐心地一一为我解答，我们相互分享文化，分享生活。语言的不同并不妨碍我们的交流，我经常会出现理解上的错误，但是他总会给予我很大的支持和鼓励，他跟我说："Your English is a million times better than my Chinese，so if we tried to use Chinese，we wouldn't be able to talk at all."（"你的英语比我的中文好一百万倍，所以如果我们用中文，就根本无法交谈。"）这句话给了我不胆怯地说任何一个英语单词的勇气，不再惧怕别人对自己的负面评价，让我敢于不断地试错、不断地表达。北京冬奥会与冬残奥会给我带来的不仅仅是工作能力上的锻炼，更让我了解到，只有不断地突破自我，才能不被天花板所困。所谓成长，就是不断战胜内心怯弱的一面，况且，我并不是自己一个人，团结协作的力量也带着我不断前行，我将带着这份独一无二的经历与感动不断前行。

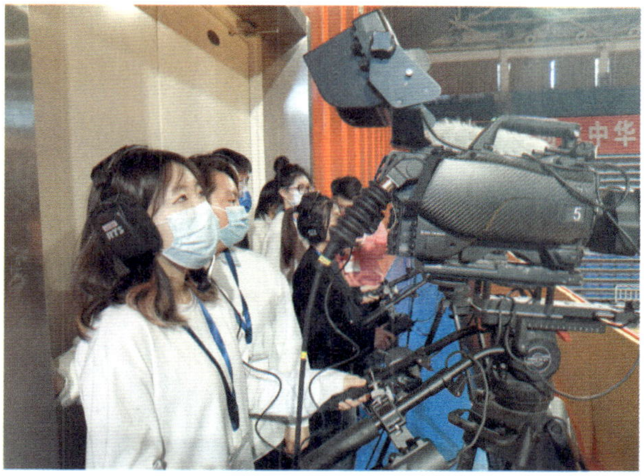
张茼在北京冰立方场馆冰壶项目进行赛事转播

眼见活力，心生希望

于浩雨

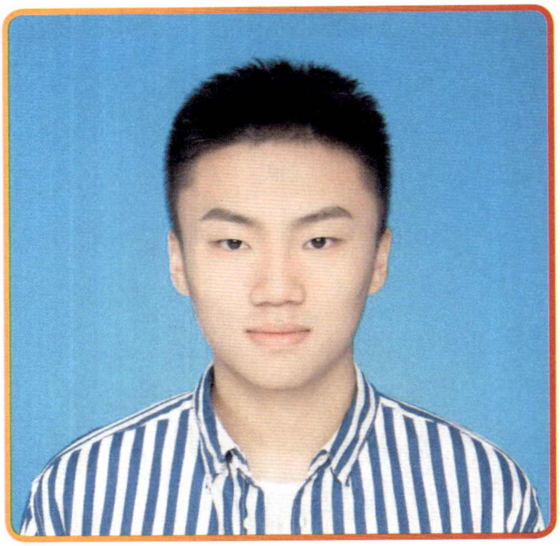

于浩雨个人简介

于浩雨，管理与传播学院2020级体育经济与管理（奥林匹克冰雪方向）专业本科生，在2022年北京冬奥会和冬残奥会期间分别担任张家口云顶滑雪公园转播团队音频助理和张家口山地转播中心办公室助理职务，主要工作是协助雪上赛事的音频设备铺设和赛场原声转播。

我是来自2020级体育经济与管理2班的于浩雨，非常荣幸参与了北京冬奥会奥林匹克广播服务公司转播培训项目的转播工作。冬奥会期间，我在云顶滑雪公园担任中国转播团队的场馆运营——音频助理，主要工作是比赛之前埋线布线、比赛期间用麦克风收声以及比赛之后转场撤场。

除了体育院校在校大学生这一身份，我还有一个相对特殊的身份，我是一个土生土长的张家口人。这次以冬奥会为契机，能为来自世界各地的运动员提供服务与帮助，让我的家乡向全世界展现出最好的精神风貌，我为此而感到骄傲。更重要的是，在我们的共同努力下，现在有越来越多的人了解并爱上了这个层峦叠嶂的滑雪胜地。

冬奥会期间的工作让我有了许多收获，不仅是在赛事传播的专业知识方面，我了解了赛场原声是怎样通过音频团队的努力传到电视机前的观众耳朵里的，我更体会到身处一个大的工作团队中，统筹协调、团结协作是多么重要。能否高效、高质量地完成目标，对团队的总体成果有着至关重要的影响。在这样的大型国际化盛会中，来自世界各地的工作人员为了同一个目标共同努力着。我认识了很多新朋友，也经历了很多令彼此终生难忘的趣事。

在冬奥会期间，由于工作原因，我们需要把滑雪作为一种代步形式。由于张家口赛区的冬天室外异常寒冷，冰雪覆盖的地面也让步行变得异常艰难，在这种较为恶劣的条件下，滑雪成了最为便捷的代步形式，不仅节省时间，还能携带一些比较零散的音频设备，方便在赛道与赛道之间转场。一开始我还是有些惧怕的，我虽然有一些滑雪基础，但由于之前的滑雪都是娱乐，追求的是刺激和开心，而这次，滑雪成了转播工作中的一部分，让我有了一些压力，害怕因为自己的滑雪技术不佳而影响了工作进度。好在学校对冰雪方向的同学开设了专门的滑雪课程，经过几天对雪道场地的熟悉，我已经可以熟练地携带设备在各种不同的雪道上滑行。感谢学校教授我们滑雪技能，在冬奥会赛场派上了大用场。

冬残奥会的规模相较于冬奥会小了一些，社会关注度也有所降低。我在冬残奥会中的服务岗位变成了转播中心的赛事服务，主要负责类似后勤保障的工作，包括发放媒体包、补充转播中心的物资、检查转播中心的卫生等。工作内容发生了转变，心态和感受自然也不同。

没有了冬奥会期间的极寒，每天的工作内容也趋于模式化。但即便是这样，我也告诉自己：无论是什么工作，都要认真对待。在我看来，即使是再小、再不起眼的工作也是值得尊重的。在这里我也向每一位服务冬奥会和冬残奥会的工作人员致敬！在冬残奥会期间，我还感受到了与人沟通交流的重要性。我的工作需要对转播商的卫生打扫情况逐一检查，要和各国的媒体工作者进行沟通，这对之前并没有怎么锻炼过英语口语的我来说是一个不小的挑战。不过几天的工作下来，我发现外国友人都十分热情，会很认真地听我说话，这让我逐渐习惯并乐于和他们交流。虽然偶尔会有对方听不懂的情况发生，但是只要我慢下来再说一遍，他们就能明白我的意思了。

在与外国人交流的过程中，从最开始的忐忑到后来的可以进行一些交流，他们在我心中的印象也一步步发生着转变。办公室里的斯科特（Scott）是我最要好的外国朋友，一开始，他看我羞于表达，主动来问我：“你为什么一直戴着帽子？我好喜欢上面的图案。”我便开始慢慢跟他解释这顶帽子对于我的特殊意义。在之后的交流中，我们聊得越来越深入，当他问我对未来有什么打算时，我向他表达了我的迷茫与困惑，而他却很认真地说：“其实没关系，计划也不是你人生最终的决定，一切总是在变化的。”那一刻，我真的忘记了他是一个美国人，只觉得他是一个慈祥的长辈，是一个愿意聆听的朋友。

少年不惧岁月长，彼方尚有荣光在。国际奥委会主席巴赫评价道：“北京冬奥会是一届真正无与伦比的冬奥会。”而在我心里，这更是一届让人难以忘怀的冬奥会。即使在以后的人生道路上可能会有更多感动和愉悦，我也将永远铭记这个冬天带给我的震撼与感动。

于浩雨在张家口云顶滑雪公园进行赛场原声转播

长路坦荡荡，未来皆可期

袁　莉

袁莉个人简介

袁莉，体育教育训练学院 2019 级体能训练专业本科生，在 2022 年北京冬奥会和冬残奥会期间，担任冰立方场馆冰壶项目运动员管理服务组志愿者，主要工作是跟随赛队为参赛运动员提供帮助。

我是首都体育学院体能训练专业2019级的袁莉，在冰立方场馆提供冰壶赛事服务。非常荣幸，可以亲身见证奥运健儿齐聚北京，追逐梦想！

作为一名中共预备党员，我积极响应学校、场馆和驻地党支部号召，担任了场馆运行团队体育领域首体小组长、北大昌平校区西区驻地28中队防疫专员，主要负责学校与场馆、驻地的联络对接工作以及28中队的防疫工作，全程参与了冬奥会和冬残奥会的赛事志愿服务。

冬奥会和冬残奥会期间，我在冰立方运动员管理服务组接待并服务了来自17个国家4个冰壶与轮椅冰壶项目的41支参赛队伍。冰立方作为冰壶项目及轮椅冰壶项目的竞赛场馆，是所有场馆中开赛最早、赛程最长、场次最多的，而运动员管理服务组又是竞赛场馆中与运动员相处时间最长、接触最多的岗位，所以我和我们组的同事们往往也是冰立方中最早到馆、最晚离馆的一群人。

作为运动员管理服务组的一员，我的工作主要围绕运动员各方面的需求展开，力求让

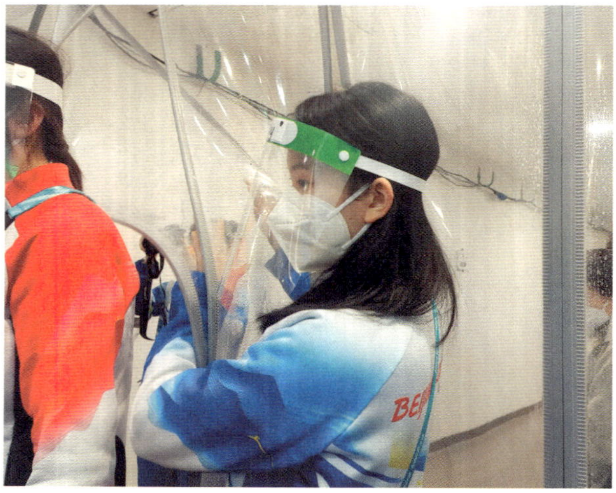

袁莉在北京冰立方场馆冰壶项目为运动员提供帮助

运动员从进入场馆的那一刻开始就能感受到志愿者的工作热情和细致入微的服务。工作主要内容包括：引导外国运动员和官员熟悉场馆的流线和点位；帮助他们学会操作电视、电脑、灯光、空调等；提醒运动员用餐时间、热身区使用方法、理疗室预约流程、班车往返时间等；针对运动员提出的问题和需求给予帮助和反馈。在冬残奥会志愿周期中，我一次次地掀起厚重的门帘，为轮椅运动员们提供畅通的通道；一次次地等候在离馆坡道底部，帮助轮椅运动员减轻上坡的负担；一次次地守候在运动员更衣室门口，了解各参赛队的需求并处理应急情况。工作中，运动员的问题多样，无法预知，所以更需要我们加强对场馆的了解。另外，来访者有时时间紧迫，外国参观者语速和行动极快，需要我们快速反应，并给予准确的答复。

在冬奥会志愿服务中最让我难忘的经历是引导男子、女子金牌队伍完成颁奖仪式。随着赛程的结束，8分钟倒计时也开始了，在这8分钟内，我需要带领金牌运动队接受授权转播商的90秒采访、引导运动队回到更衣室更换颁奖服装、将参与颁奖仪式的运动员送到颁奖典礼的上场口。颁奖期间，我们会在下场口等待颁奖结束，引导运动员在“高光时刻”停留30秒与其家人朋友连线，其间需要与其教练和新闻官明确参与新闻发布会的确切人数和人名，引导运动员进入混采区接受采访，等待采访结束，将指定运动员送到新闻发布会现场，发布会结束后跟运动队交接更衣室钥匙、清点室内固定物资。

进入男子、女子金牌赛的运动队其实很不一样，但他们身上的奥运精神都值得我们学

习。男子冰壶金牌赛两支队伍势均力敌，比分咬得非常死，一再以小比分交替反转反超。在后场等待的时候，我们要对两支队伍的人员信息反复记忆，因为不到最后一刻，不能确定最终是哪支队伍拿到金牌。反观女子冰壶金牌赛，比分在半场的时候就以大比分拉开差距了，可以预测出获得金牌的队伍，着重记忆该队人员。但银牌队伍那种永不言败、拼搏赛场的精神也让我们动容。

或许，竞技体育的魅力就在于此吧，无论是否知道结果，无论在赛场上处于何种处境，运动员都会用尽全力去拼搏，毫无保留地展现最棒的自己！冬奥会的宝贵经历也会一直激励我，在日后的求学道路上，永不言败、积极进取、勇攀高峰！

在冬残奥会志愿服务的过程中，也有几段服务经历令我印象深刻。首先是斯洛伐克轮椅冰壶队的热情，我在上冬残奥会第一班岗时就被邀请进其更衣室并认识了大部分队员，深刻感受到了人与人之间的善意和温暖是无国界的；其次便是加拿大队，因为运动员需要使用理疗室，加拿大队每天都是最早到馆的队伍；再次是美国队的运动员们，他们每天都非常快乐地比赛和生活，并且会与志愿者们击掌打招呼；最后是挪威队的运动员们，他们会在更衣室里放些音乐，永远保持着兴奋的状态和好的心情。最为开心的是在最后一班岗上，我见证了中国轮椅冰壶队夺冠！

此外，冰立方场馆内完备的设施以及完善的志愿者体系，也为我们的志愿服务提供了保障。当紧急情况出现时，各岗位的协同配合与快速反应，总会让我感慨大家工作的热情和认真。能够携手共度简约、安全、精彩的“冬奥之旅”，为世界带来志愿者的热情与活力，为北京冬奥会点燃激情与斗志，为奥林匹克精神和残奥价值观作出积极诠释和传承，为志愿者理念贡献实际行动，是我终生难忘的经历。

虽然每天的工作都令大家身体疲惫，但精神上总会收获满满。能够和不同国家的运动队接触与相处，使我拥有了一次绝佳的不走出国门就能了解不同国家文化与生活习惯的机会，让我结识了很多朋友，并且拥有了一段美好且很有价值的经历。

最后，由衷地感谢每一位工作人员的辛苦付出和默契配合，感谢场馆老师对我们志愿者工作的包容，感谢驻地老师对我们日常生活的照顾，感谢祖国的强大为我们提供的奉献机会，感谢每一位平凡的志愿者不平凡的付出！我们大雪纷飞而来、春雨绵绵而归，蓄势待发而来、心怀感恩而归！

不想说再见，必须要再见，一定会再见。长路坦荡荡，愿我们未来皆可期！

冬奥有我

李镇宇

李镇宇个人简介

李镇宇，休闲与社会体育学院2020级体育旅游专业本科生，在2022年北京冬奥会和冬残奥会期间，担任延庆赛区雪车雪橇项目车库志愿者，主要工作是协调参赛运动员的雪车雪橇出入库。

冬奥会是展现国家形象、振奋民族精神的重要契机。举办北京冬奥会、冬残奥会的机会来之不易、意义重大，同实现“两个一百年”奋斗目标高度契合。这是站在重要历史节点的中国，迎来的又一个重大标志性活动。因此，把北京冬奥会、冬残奥会办成一届精彩、非凡、卓越的奥运盛会，向祖国人民、国际社会交上一份满意答卷，也是我们志愿者义不容辞的责任。

我很荣幸能成为一名冬奥会的志愿者，作为北京孩子，能在家门口亲身服务和体验冬奥会比赛，见证国家的繁荣强大，让我十分难忘。

2022 年第 24 届冬奥会具有特殊意义。它是中国首次举办冬奥会，亦使北京成为首个举办过冬季和夏季奥运会的城市，从而使中国成为先后举办奥运会、残奥会、青奥会、冬奥会、冬残奥会的奥运会“大满贯”国家。涓涓细流汇成江海，无数双手挽作长城，今日之成就亦离不开海内外同胞的全力奉献，中华民族一家亲，同心共筑中国梦。

于我而言，冬奥会的举办不仅是为了让世界了解冰雪，更是让世界认识中国。从徽章到场馆，所有设计无不彰显着中国的强大综合国力与优秀传统文化。

在本次冬奥会中，我服务的项目是雪车车库管理，工作内容是负责记录每天运动员雪车出入库的数量，引导货车司机运送雪车，协调交通，解决运动员的用车需求。在我看来，雪车车库的工作很重要，因为各国运动员的所有雪车全部存放在车库里，每天无论是训练还是正式比赛都需要先从车库出发，等比赛结束后再统一返回。因此，我们必须按时将运动员雪车送往起点以保证比赛正常进行。也就是说，车库管理是保证每天比赛能否正常开始的重要一环。同时，运动员们在平时或者比赛结束后会在车库修车，其间也会向我们借用擦拭雪车冰刃的专用物品，我们都会尽力提供，以保证运动员车辆能够正常参加比赛。

雪车车库的工作是繁重且充实的，我们经

李镇宇（左）在延庆赛区国家雪车雪橇中心与中国队员合影

常会早出晚归，但我把这些工作当作是一次学习的机会。雪车车库并不像起点或是终点，能够出现在电视转播镜头前，我们更像是幕后的工作者，但是能够看到比赛正常进行，看到各国运动员的雪车在雪游龙的赛道里飞驰，我认为一切付出都是值得的。

此次志愿服务给了我很好的锻炼机会和实践舞台，帮助我开阔了眼界，实践了“助人助己，乐人乐己”的口号。我体会到了只要积极地投入、热情地参与、耐心地引导，即使是棘手的问题也会迎刃而解。快乐是多种多样的，但奉献的快乐却是其他快乐所不能比拟的。志愿服务就是一种生活态度，选择做志愿者就是选择了一种生活方式。

“予人玫瑰，手有余香”，参与志愿服务，奉献的是汗水，体验的是感动，净化的是心灵，收获的是快乐，提升的是境界，实现的是真正的人生价值。这次志愿服务让我有机会与我热爱的冬奥事业共同成长，对这份事业的情怀和责任感，是我不断付出和奉献的动力。能够成为一名前期驻会志愿者参与北京冬奥会的筹办工作中，于我而言，是梦想成真。今后，我将进一步弘扬“奉献、友爱、互助、进步”的志愿精神，传播正能量，也希望我的青春理想在冬奥志愿服务工作中闪闪发光！

我和我跨越年龄、种族、语言的芬兰朋友

徐佳君

徐佳君个人简介

徐佳君，管理与传播学院2020级新闻学（奥林匹克冰雪方向）专业本科生，在2022年北京冬奥会和冬残奥会期间，分别担任张家口国家越野滑雪中心奥林匹克转播服务公司摄影师助理和主媒体中心奥林匹克转播服务公司技术保障部门助理，主要工作是协助芬兰摄影师团队完成转播拍摄，保障部门工作人员管理设备。

我是2020级新闻2班的徐佳君，是北京冬奥会转播培训项目中的一员，我在张家口国家越野滑雪中心担任奥林匹克转播服务公司摄影师助理职务。

对于第一次服务奥运会的我来说，有太多值得铭记终生的人和事，比如在热身区会有主动和我打招呼、合影的时候突然出现在背后蹭合影的运动员；比如每次见面都会微笑着问“You good？”（“你还好吗？”）的经理们；再比如热情洋溢、每天都充满激情的法国同事们。在这当中，我与朝夕相处的芬兰摄影师米卡·海托拉（Mika Heittola）结下了深厚的友谊。

作为唯一需要从运动员热身一直拍摄到颁奖典礼的摄影小组，我和米卡总是比所有人出发得早、回来得晚。通常情况下，我们需要在比赛开始之前徒步一千米到达半山腰的热身区，在热身结束后再返回主赛场拍摄选手冲线以及颁奖仪式，因此我应该是跟摄影师相处时间最长的摄影师助理。

第一次见到米卡的时候，面对一个身高超过一米八五、五大三粗并且已经四十多岁的芬兰壮汉，我不由得心里发怵，担心他会是一个很刻薄很暴躁的人。结果没聊几句，他就开始夸我的英语好，即便我极力反驳，他也笑着说：“It’s enough！”（“已经足够了！”）

在此后的日子里，在漫长的上岗路途中，我们总是无话不说。在我怕压塌发型而在寒风中硬撑着不戴帽子的时候，他像一个长辈一样，一次又一次不厌其烦地劝我戴帽子，甚至还会动手帮我戴上；有时也会像一个好哥们儿一样八卦我有没有喜欢的人；有时又像个孩子一样需要我催他喝水。每天上山我都会帮他带一瓶水，以减轻他的负重，每次我问他要不要喝水的时候他总是不会拒绝，但是不问的时候他又不会主动找我要水。而在零下二十多摄氏度的张家口，出门几分钟书包侧兜的水就会开始结冰，因此我总是会催他喝水。除此之外，他还非常喜欢让我给他拍照。其间我还帮他注册了微信，并教他如何使用。

米卡所在的芬兰摄影团队有一个传统，在所有摄影师到位后、正式转播开始前，每个人会通过镜头向坐在转播车已经在大厅待命的人展示一个搞笑的镜头，并且要与自己的机位编号结合起来，告诉导播该摄影师到位。于是米卡向我求助，让我帮他出出主意。但是由于沟通失误，我以为他想要一个代表我们机位的标识，于是诞生了这张属于14号机位的标识。虽然是沟通失误，但是米卡本人非常喜欢。

在“每日最搞笑镜头”的争夺战中，这个标识并没有为我们带来冠军。在后面的比赛中，米卡为了胜利甚至不惜将自己的牙齿涂黑几颗，可是事与愿违，由于和14号机位结合得并不巧妙，所以在颁奖典礼的现场，我们听到了别人的名字。我本来以为米卡会很沮丧，在颁奖典

徐佳君（左一）在国家越野滑雪中心进行转播拍摄工作

礼结束后我第一时间来到他旁边，却发现他已经开始在找明天要用的照片了。我想成年人的世界就是这样的吧，当你在赛道上摔倒了，没有人会停下来怜悯你，只能自己用最快速度站起来，准备好下一次爆发。于是我也立马加入到了挑选照片的新任务中。

终于，我们迎来了那一天；终于，14 号机位的名字在大厅里响起；终于，所有人为我们鼓掌；终于，我们的作品被挂在了奥林匹克转播服务公司食堂的展示墙上。

然而美好的时光总是短暂的，17 天的冬奥会很快就结束了。分别时我们并没有说什么，只是简单地说了句“现在我不得不走了”“好的，再见，欢迎你再来中国”。其实我想说的话有很多很多，但是千言万语只总结出一句“Best wish”（最好的祝福）。我将写有最好的祝福以及我的签名的北京国际奥林匹克学院徽章送给了他。

在他踏上回国的飞机后，我向他发送了一篇长文感谢信，他也以长文回复我，并说他有一种强烈的感觉，我们会在 2024 年巴黎或者 2026 年米兰再见面，我也始终相信，有缘人定会再相见。

其实，在回酒店的班车上，我没有忍住落下了泪。在他转身的时候，我也看见他眼角抽搐。

在抵达芬兰后，他带我云观赏了一把芬兰美景，尽管芬兰并没有我想象中的那种传统的欧式尖顶建筑，但在 40 厘米积雪的烘托下，赫尔辛基的冬天也是那么的特别。我也带他云游览了北京主媒体中心、鸟巢、冰立方等。虽然有着 6 个小时的时差，但是时至今日，我们还在微信上保持着联系。

我想这就是奥林匹克运动会最大的魅力吧，太多来自不同国家、说着不同语言、有着不同肤色的人齐聚在一起，彼此敞开心扉，真诚相待，成为很好的朋友。

在此过程中，我更加理解了人类命运共同体构想的伟大，如果世界所有人民都能永远这样友好相处，那么人类社会将会走向更好的未来。

真心地希望我和我的摄影师朋友米卡友谊长存，祝愿中国和芬兰友谊长存，更祝愿奥运会和残奥会越来越好，将更多的国家和人民紧紧地联结在一起，彼此放下傲慢与偏见，共建人类命运共同体，共筑和平美好新未来！

马润楠个人简介

马润楠，管理与传播学院2019级公共事业管理专业本科生，在2022年北京冬奥会和冬残奥会期间，分别担任张家口国家越野滑雪中心和张家口山地转播中心场馆转播培训（BTP）项目摄影助理和赛时助理，主要工作是协助摄影师完成越野滑雪项目出发点和结束点以及颁奖仪式的录制，协助生产经理完成英国广播公司（BBC）、中央广播电视总台（CMG）等国家赛事机构赛时转播任务。

我是首都体育学院管理与传播学院2019级公共事业管理专业的马润楠。2020年是我与奥林匹克转播服务公司转播培训项目初识的第一年，带着陌生和茫然，我参与了奥林匹克转播公司的培训与考核。时光飞逝，经过一年的选拔与淘汰，我有幸加入了2022年北京冬奥会和冬残奥会的转播工作，开始了我与冬奥会和冬残奥会之间的故事。

冬奥会时我在张家口赛区国家越野滑雪中心承担场馆运营的任务，担任摄像师的摄像助理。起初，我对这项任务是抗拒的，冰天雪地的环境、来势汹汹的疫情、变幻莫测的天气，对我的身体和精神都是一种挑战。思考良久，我最终决定接受这项艰难的任务，用小我之力努力向世界展现一场冬奥盛会。我的主要工作就是帮助摄影师把稳定器抬到开始区，随身携带备用电池并且在电量低时按时更换，在颁奖典礼之后再将稳定器送回房间。芬兰团队负责本次越野赛事的全程转播，幸运的是，我被分配协助一位能流利说英语的芬兰摄影师。最开始，我和他沟通并不顺畅，许多专业词语我并没有理解。随着沟通的深入，我们越来越默契，我会在电池电量不足时主动更换并储备新电池，也会在他闲暇休息时提前为他准备好暖宝宝，还会为了保持体温在漫天大雪中跟随音乐一起舞动。我时不时会偷些“小懒”，可他并不会因此而责怪我。相反，每一次都会跟我说“It’s OK，don’t worry”（“别担心”）。每到这时，我的心里都会感到一股暖流。他就像我的父亲一样，会包容我的坏习惯，会帮助我解决小麻烦。直到现在我们都还通过电子邮件保持着联系，他会向我分享在工作中的一些快乐时刻，也会向我分享他与三个孩子的幸福生活，还会一起讨论疫情给他的生活带来的改变。与此同时，我也会把我在冬残奥会的一些难忘时刻同步发送给他，虽然相隔千里，但是我们之间的连接线不会因此剪断。后来，我们相互教授对方本国的语言，相互向对方展示自己的家人，相互介绍本国著名的旅游景点。虽然只有短短20天，但这段“忘年交”哪怕受到时空阻隔，我都难以忘怀。

冬奥会落下帷幕后，随之而来的是冬残奥会。我转岗至张家口山地转播中心。曾经的我是一名场馆的摄像助理，现在的我是一名赛事服务者，不同岗位给了我很多不同的体验。这次，我坐在办公室里与来自不同国家的人们一起工作，这给我提供了一个更好的交流平台。补充零食、检查卫生情况、服务转播商、转运山地演播室物资、编排板报、穿梭于不同赛区之间清点发放媒体包、协助其他场馆开展工作……与场馆工作不同的是，我所面对的棘手问题更繁多，面对的语言要求更高。职责意味着更多的挑战，从一开始的“奥运小白”到现在的“多面手”，我学会了许多分析解决问题的能力，少了几分年轻人的锋芒和稚气。奥运带给我的不光是“更高、更快、更强、更团结”的精神财富，更是一场自我提升、自我历练、自我成长的价值观的升华，我将终生受益。

偶尔休息时，我会在赛场观看比赛，五湖四海的运动健儿们相聚在中国，相聚在奥运。每一次看到他们在赛场上拼搏时，我都能感受到“冬奥赛场上的冰与雪是有温度的”。无论是武大靖与任子威的默契碰手，还是羽生结弦和金博洋的跨国友情，都在向我们表达——竞技场上比对决和比拼更珍贵的是“天下一家，世界大同”的世界和平友谊，它超越了时间和空间，将世界联结在了一起。此外，中国也向世界展现了“中国特色”：朝发夕至的中国高铁、令人叹为观止的中国烹饪、无与伦比的开幕式“中国式浪漫”。生在华夏，何其有幸！

马润楠在国家越野滑雪中心进行转播拍摄工作

从“燕山雪花大如席”开始，到中国代表团以“9 金 4 银 2 铜”的成绩收官，很荣幸我与冬奥会一起走过，一同见证，一路收获。两个奥运，同样精彩。北京冬残奥会圆满闭幕，中国代表团取得了“18 金 20 银 23 铜”共 61 枚奖牌的佳绩，历史上首次位列冬残奥会金牌榜和奖牌榜双榜首。冬残奥会虽然闭幕了，但无障碍事业仍在奋进的路上。无论身在哪里，我们对于奥运的热忱和憧憬永远不忘。这段经历令人难忘而又充实，它将永远珍藏在每个人的心中，这些回忆激励着奥运健儿以及奥运工作者继续向前。彼时，奥林匹斯山上的圣火已经熄灭，但在体育人心中的圣火永远不灭，让我们携手，一起向未来！

冬奥和我有个约会

线祖霄

线祖霄个人简介

线祖霄，管理与传播学院2019级新闻学专业本科生，在2022年北京冬奥会和冬残奥会期间，担任冰立方场馆冰壶项目比赛场地（FOP）区域志愿者，主要工作是完成清废和通行管控的任务。

抬起头，迎着冬日的风雪看着天。眼一晃，洁白的飞雪里仿佛有大片大片的花开了。闭上眼，那雪花却越发清澈无瑕，无数次我觉得自己在梦里看到的正是这难忘的冬日。

2022 年 1 月底，在首都体育学院内一片冰天雪地中，有一位可爱的老师带领 24 名已经背上行囊的蓝衣天使，正式踏上了服务冬奥会的新征程，他们的目的地正是 2022 年北京冬奥会冰壶项目的竞赛场馆冰立方。当然，我也是其中的一员。然而没想到接下来面临的将是一次次的相遇，和一次次的离别。在这一次次的悲欢离合中又伴随着一次次的感动。我们的故事就此展开。

2021 年 3 月，学校发布了 2022 年北京冬奥会和冬残奥会招募志愿者的通知，当我得知这个消息后，便毫不犹豫地报了名。在通过一系列筛选、面试后，我顺利通过了冬奥会志愿者岗位培训和各章节的测试，为日后顺利上岗、成为一名合格的冬奥会志愿者奠定了坚实的基础。刚来到北京大学驻地进行闭环管理时，我被任命为管理与传播学院冰立方其余 8 名志愿者的联络负责人。作为首都体育学院 24 名志愿者中的一员，我清楚地知道大家的表现既是学校的脸面，更是国家的脸面。

冬奥会和冬残奥会期间我都是比赛场地（FOP）组组员，主要负责清废和通行管控的

线祖霄在北京冰立方场馆冰壶项目进行清废工作

任务。比如，为每一名入场裁判、运动员以及工作人员开门，有效管控赛场的出入情况；清废时使用大功率吸尘器，确保赛场干净整洁；营造良好的赛场氛围和秩序，为来自世界各地的运动员们提供一个舒适的比赛环境。

我本次志愿服务时间将近 3 个月，横跨两个季度。1 月 17 日举行了志愿者出征仪式，1 月 22 日我们从学校出发前往闭环驻地，1 月 24 日正式开始了从驻地到场馆两点一线的生活，2 月 4 日冬奥会开幕。由于冰壶项目赛程较长，开幕前两天就已经开赛了。冬奥会期间，我们首都体育学院 24 名志愿者分别负责 FOP 区域的通行管控和清废，以及器材管理和运动员服务等工作。2 月 20 日冰立方冬奥会赛事全部结束，当晚举行了冬奥会闭幕式，我们也进入了为期 12 天的冬残奥会转换期。

3 月 4 日，北京冬残奥会开幕。同冬奥会一样，冬残奥会冰壶项目也是在开幕式之前就已经正式开始比赛了。冬残奥会期间，在我们当中，有 20 人为 IPA 组（冰上运动员助理）、3 人为 FOP 组（竞赛及相邻周边场地保障）、1 人为运服组。我留在 FOP 组继续工作并担任组长，带领同我一起留下来的两名同学以及后期补入的其他学校志愿者们一起服务冬残奥会。

3 月 12 日，冰立方残奥赛事全部结束，中国轮椅冰壶队成功卫冕，颁奖仪式上《义勇军进行曲》在冰立方响起，场馆上空也升起了本届冰雪赛事在冰立方的第一面五星红旗。面对着冉冉升起的国旗，我不由自主地行起了注目礼。我的眼眶瞬间湿润了，我永远清楚地记得那个傍晚，那次国歌奏唱，还有那面永远鲜红的旗帜。

为期 48 天的志愿服务，首都体育学院 24 名志愿者圆满完成任务。如今，北京成为全世界唯一的“双奥”之城。我参与并见证了这一令人振奋的奥林匹克新篇章，成为北京冬奥会和冬残奥会志愿者，这是一件值得我一生铭记的事情。难忘冬奥，难忘冰立方，难忘冰墩墩和雪容融，难忘这一路上遇到的一切。能够参加并见证中国冰雪运动的蓬勃发展，我感到三生有幸！此时，我想用一句话来总结这段冬奥之旅：我们不想说再见，却必须说再见，但一定会再见！

伴随着温暖的春风，我睁开眼，发现这一切并不是梦。我看见一朵朵鲜花绽放，而雪花却渐渐融化了。但是它那洁白无瑕的模样也永远留存在了我的记忆中。雪，融化了；我，在路上！

假期献给祖国，志愿助我成长

张宇君

张宇君个人简介

张宇君，管理与传播学院2019级体育经济与管理专业本科生，在2022年北京冬奥会期间，担任首都体育馆场馆庆典仪式领域志愿者，主要工作是布置颁奖典礼场景。

2022年2月4日北京冬奥会开幕，北京成为世界上首个既举办过夏奥会又举办了冬奥会的“双奥”之城，在奥林匹克史上书写了浓墨重彩的一笔。我非常荣幸从2022年1月23日到2月19日担任首都体育馆颁奖仪式领域志愿者，在这28天的冬奥赛事志愿服务中，我始终秉承“以挑战者精神拼搏创新”的校训精神投入到工作中，最终顺利完成了我的志愿服务工作。

接触冬奥体育场馆，让我学到专业知识并扩大眼界

在接受志愿者业务培训时，我知道了首都体育馆把“绿色奥运”的理念贯彻始终，还充分运用高科技赋能。由于这和我所学的体育场馆管理方向有关联，所以我认真学习了场馆老师讲解的内容，对首都体育馆的场馆管理知识有了进一步的了解。通过老师的讲解，我不仅知道了场馆内应用了二氧化碳跨临界直冷制冰技术，将比赛场地打造成了冬奥史上最环保的冰面，还为场地周围布设激光投影仪，在GALA秀（花样滑冰表演滑）的时候能够把绚丽的灯光投射到冰面上。正是因为这些高科技手段，不仅能够将场馆营造成低碳环保、如梦似幻的冰雪世界，更重要的是提升场馆功能与效率，给运动员提供高水平的竞赛场馆。这些关于体育场馆功能的知识，我在大二上霍建新老师的体育场馆运营与管理课时学习过，让我对场馆构造、功能及应用有了一些基础性的认识。正所谓百闻不如一见。只有真正进入到场馆看一看，才能把学过的书面知识应用到实际场景中，我更清楚地知道了闭环分区的规划设计、场馆内房间利用和比赛场地的功能组成，这样更能加深我对于场馆管理的认识。

每次进入首都体育馆，无论是在场馆周围还是场地周围，都能看到五环标志等诸多的奥运元素，这让我想起左伟老师带领我们班参观学校的奥林匹克教育博物馆并且一起诵读顾拜旦的不朽诗篇《体育颂》，用我们的口吻感悟顾拜旦对体育的真挚情感的情景。作为首都体育馆赛事志愿者，在场馆工作期间能够在一线接触到赛事运行，这激发了我对花样滑冰和短道速滑的兴趣。虽然我们能够进入场馆，但我们也会以工作为重，不会进入比赛场地观看比赛。即使是这样，我们也会利用空余时间观看比赛直播，随着观看比赛次数的增多，我对花样滑冰和短道速滑有了更深的了解，体会到了花样滑冰和短道速滑激烈比拼的魅力。

在2月7日晚短道速滑男子1000米决赛中，比赛场地出现状况需要重赛。由于重赛一轮武大靖体力透支太大，他在耗尽体能前做出牺牲自己、配合队友的决定！他在内道卡住身后对手，给队友任子威创造了向前冲刺的机会。武大靖以团队利益为重的精神让我深受感动，我在武大靖身上看到了中国运动员牺牲小我成就大我、始终以国家利益为重的精神！

2月19日晚，隋文静、韩聪以高水平的比赛夺得花栏滑冰双人滑冠军，助力中国双人滑时隔12年再度登顶！从平昌冬奥会的第二名至今，在四年的时间里默默努力，终于在北京圆梦奥运冠军，隋文静、韩聪用行动告诉我们什么是永不放弃的精神！我在冬奥赛场感受着团结和奉献精神，从运动员身上学习坚持不懈与拼搏奋斗，从优雅的花滑和刺激的短道速滑中感受体育魅力。正如奥林匹克格言所说的，我们要“更快、更高、更强、更团结”，未来我会发扬奥林匹克精神，在不断进取中实现自我超越、在团结友爱中公平竞争，朝着目标拼搏努力！

张宇君在国家体育场参加北京2022年冬奥会开幕式

走进冬奥场馆工作，使我感悟志愿服务和团队协作

我和其他五名同学在冬奥会期间为首都体育馆的14场颁奖典礼布置了颁奖场景。由于国际奥林匹克委员会对于布置颁奖典礼的流程有着更高的标准和要求，每一次布置颁奖仪式场景须在比赛结束后五分钟内完成所有的任务，并且其中有两场颁奖典礼需要在1分钟内进行换场和其他准备。因此我们在老师的带领下针对不同种类的颁奖仪式做了不同的场景预案，并多次进行桌面推演，不断优化场景预案。因为时间短、任务重，只有做足准备工作，增强“心往一处想，劲往一处使”的配合意识，才能够顺利完成任务。每一场颁奖仪式开始前20分钟我们都做好了充分的准备，以备每一场布置场景的工作都能按部就班地进行下去，并最终在规定时间内按照要求顺利完成。在志愿服务中，同一领域的志愿者可能来自不同学校，但在工作的时候是同一个集体，我们都在全心全意为同一件事而共同努力。如果在布置场景的时候缺少一个人，剩下的所有人就要填补这个空缺，那么一切会变得更加困难，这让我深刻认识到团结合作的重要性。

北京冬奥会是难得的全球性盛事，我非常有幸作为赛事志愿者能在首都体育馆服务北京冬奥会、见证中国队再创辉煌！我们能够顺利完成首都体育馆的冬奥志愿服务，离不开学校为我们提供的学习保障、学院对我们生活上的关照，还有带队老师和场馆工作人员给予我们闭环内的帮助和指导。作为一个体院学生，保障冬奥赛事工作顺利进行的经历令我终生难忘，在这28天的冬奥志愿服务中，我始终以认真的态度、无私的奉献，努力展示出首都体育学院学子最好的一面！虽然冬奥会已经告一段落，但我参与冰雪运动和志愿服务的脚步不会停。今后我会继续努力，践行青春誓言；继续关注和参与冰雪运动，传播奥林匹克文化和精神！我们一起向未来！

筑梦冰雪，共向未来

于 菲

于菲个人简介

于菲，管理与传播学院 2020 级公共事业管理专业本科生，在 2022 年北京冬奥会期间，担任国家体育场场馆开幕式庆典仪式志愿者，主要工作是在开幕式运动员入场时表演欢迎舞蹈和坐席引导。

恰逢民族复兴盛世，我们何其有幸！亲历筹办冬奥盛会，我们斗志昂扬！我们深切感受到，能够成为当代中国青年的代表，在冬奥志愿服务这堂“大思政课”中成长，并向世界讲述一个古老而现代的北京，讲述一个历史悠久而生机蓬勃的中国，这是难能可贵的际遇，更是无上光荣的使命。

习近平总书记在北京考察2022年冬奥会、冬残奥会筹办备赛工作时殷切嘱托广大志愿者：“能够参加北京冬奥会、冬残奥会的志愿服务工作，是人生难得的机会，希望大家振奋精神、鼓足干劲，团结协作、共同努力，确保冬奥期间各项服务保障工作顺利，让各国参赛人员充分感受到中国人民的热情好客和文明礼貌，感受到春天般的温暖。”[①]总书记的亲切关怀和谆谆教诲使我们深受鼓舞、倍感振奋，我们比以往任何时候都更为深切地感到使命光荣、责任重大，比以往任何时候都更为热切地期待这场举世瞩目的冰雪盛典，比以往任何时候都更为迫切地盼望为举办一届精彩、非凡、卓越的奥运盛会奉献青春力量。

2021年10月，我有幸被选拔成为冬奥会开幕式标兵志愿者，随后便进入了冬奥会开幕式的排练。从最基本的舞蹈动作开始，我们一步步提高难度，面带微笑去做好每一个动作。进入国家体育场（鸟巢）后，我们开始了正式的排练，确定候场、预备和表演位置。我们还认识了其他四所高校的同学们，我们一起排练、休息，和导演组共同为2022年北京冬奥会开幕式不懈努力。

每个周六日都风雨无阻，虽然没有手机，但是我们并不孤单。考试周我们认真复习，学英语、背单词，就这样我们过了四个月。在夜间合排，在雪上跳舞，即使是零摄氏度以下的气温，我们也选择脱下厚重的羽绒服，只为达到更好的演出效果。

“标兵请走到预备位。”我们的表演开始

于菲在国家体育场参加2022年北京冬奥会开幕式彩排

① 《习近平在北京考察2022年冬奥会、冬残奥会筹办备赛工作时强调 坚定信心再接再厉抓好各项筹备工作 确保北京冬奥会冬残奥会圆满成功》，《人民日报》2022年1月6日。

了：向在场的观众们打招呼、向来参加开幕式的运动员打招呼，同时也代表中国的全体大学生向全世界打招呼，我们身着不同颜色的服装，迈着整齐的步伐。

中国代表团在《歌唱祖国》音乐声中入场，习近平总书记向中国代表团挥手致意，全场沸腾了！鲜艳的五星红旗与冰雪五环交相辉映，我们的服务工作也随着各国运动员的落座观礼而结束。我的心情久久不能平复，回首自己在北京冬奥会上的历练，各种情绪涌上心头，有不舍，也有感动。

2008 年世界记住了中国志愿者的微笑，2022 年我们虽然戴着口罩，但世界记住了我们眼神表达的热情与善意。作为冬奥会志愿者中的一员，在国家需要的时候做些力所能及的事情，是我最大的荣幸。我们胸怀“国之大者”，誓把自己的青春之歌谱进国家富强、民族复兴的宏伟篇章中去，热切地期盼为冬奥会的成功举办、为实现中华民族伟大复兴的中国梦奉献青春力量！

用时间凝练精彩，用奋斗担当使命

董一潋

董一潋个人简介

董一潋，管理与传播学院2019级公共事业管理专业本科生，在2022年北京冬奥会期间，担任国家体育场（鸟巢）运行团队演出仪式志愿者，主要工作是负责迎接运动员的到来、维持入场式秩序、应对各类突发情况。

“所有标兵，请走到表演位，准备，三、二、一，走！”听到耳机里传来的指令，三百多名运动员入场式标兵一边欢呼一边冲上了舞台，迎接全世界运动员的到来。而这一次，我不再是2008年站在电视机前看着开幕式手舞足蹈的孩子，而是这三百多名迎接运动员到来的标兵中的一员。

开幕式志愿者与其他冬奥会志愿者不同，我们时常开玩笑说：“我们这个岗位很幸福，正式上岗服务只有一天，确切地说是只有一个多小时。”但事实上，我们可能是参与工作时间最长的岗位之一，共度过了近五个月的冬奥时光。

在2021年9月经过面试选拔之后，由于开幕式各个环节保密的要求，我们都不知道随后的各项安排，因此随着十一假期的来临，大家都着手安排了行程计划，甚至好多同学都买好机票、火车票，和学校做好报备工作后准备出游。9月26日，我们收到导演组十一期间需要进行排练的通知，按照相关防疫要求7天内不允许出京。一开始我们都以为很多同学会请假，但到了10月3日当天，所有同学都放下自己的事情，出游的取消了行程，买票的退了票，首都体育学院67名开幕式标兵志愿者全员到齐，开始了长达四个多月的排练。

自此以后我们便没有了休息日，周一到周五要正常上课，周六日就开始了校内的排练，平时大家也会以学院为单位组织练习，最终以良好的状态通过了导演组的审查。到了11月，我们就开始进入鸟巢进行真正的实地彩排。第一次进入鸟巢的情景我记忆犹新。11月6日本来是计划第一次进入鸟巢训练的时间，但从前一天晚上开始，气温骤降，北京迎来了2021年的第一场雪，确切地说是雨夹雪，所以6日的演练被迫取消了。雪还在继续下，在大家都以为这周可以短暂休息的时候，导演组通知7日下午进场演练。第一次进入鸟巢，尤其是第一次以非观众的身份进入鸟巢，第一次看到我们未来几个月奋斗的舞台，大家的准备其实很不充分。鸟巢是露天体育场，我们刚进入场地时发现大半个舞台地上的冰雪还没有清理，随着太阳落山，寒风使得整个鸟巢异常寒冷，但所有同学，尤其是很多非体育生的女生没有一个人退缩，顶着寒风顺利完成了进场第一次演练，并且在第二天下课之后的晚上，首体院开幕式标兵还代表入场式环节的三百多名标兵顺利完成了总导演和北京市委领导的节目审查。我们还是最早看到冰雪五环上升的观众，但一直到开幕式当天，也没有一位同学把开幕式的精彩内容透露出去。

从11月开始，我们就进入了鸟巢时间，直到开幕式当天。在这期间让我记忆比较深刻的是，我不仅是一名志愿者，还是我们志愿者的服务员。作为志愿者中的一名学生骨干，在这期间首都体育学院入场式环节人员的服务保障工作也由我和其他同组的学生骨干负责。首先是负责填表，由于排练和保密的各项要求，几乎每周都有人员信息统计、各类承诺书、健康信息填报表等要收集；其次是每周，甚至到了后期要求48小时核酸检测，每次核酸检测的组织工作都是办公室的小伙伴们来完成的，保证了每一位同学都能持有效核酸报告进场，没有一次因为核酸检测问题而无法进场；最后就是相关物资发放及日常签到这类小事，但我们也认真对待。在冬奥会开幕式筹备期间，首都体育学院标

董一潋在国家体育场参加 2022 年北京冬奥会开幕式彩排

兵志愿者圆满完成了各项工作。

2022 年的春节，由于疫情防控规定，我人生中第一次没有和父母共度春节，但在学校和老师同学们度过了一个愉快的春节，并在大年初二顺利完成最后一次彩排，迎来准备了四个月的开幕式志愿者的正式上岗时刻，2 月 4 日，2022 年北京冬奥会开幕。

我非常荣幸能够以志愿者身份参加 2022 年北京冬奥会开幕式，代表中国当代青年大学生迎接全世界运动员的到来。回想 2008 年北京奥运会开幕式，我依旧能记起自己站在电视机前高兴得手舞足蹈的样子；这次作为 2022 年冬奥会开幕式的亲历者，我深知要肩负起“新鸟巢一代”的光荣使命。当站在舞台上时，我既紧张又兴奋：紧张在于全球的目光都通过摄像机聚焦在我们的身上，也很有幸《人民日报》的摄影师能给我一张大特写；兴奋在于可以近距离接触世界著名的运动员们，日本、俄罗斯、瑞典，以及下一届冬奥会主办国意大利的运动员接连从我们面前走过，热情地与我们打招呼。

开幕式的精彩，让我感到过去四个月的辛苦付出是值得的、有意义的。能够参与冬奥会开幕式，本就是我们这一代青年人的幸运，站上一个世界瞩目的舞台，回首过去几个月的付出，不仅锻炼了身体，更锻炼了我的意志品质，在开幕式的训练中成长，在志愿服务中成长，在服务其他志愿者中成长。参与冬奥会本身，就是一堂大的实践课，成为我大学期间成长最快和最值得回忆的一部分。未来，我也会继承发扬冬奥精神，在学习工作中继续拼搏奋斗。

青春永不落幕

马睿笛

马睿笛个人简介

马睿笛，运动科学与健康学院2019级运动康复专业本科生，在2022年北京冬奥会期间，担任国家体育场开幕式志愿者，主要工作是作为冬奥会开幕式运动员入场仪式标兵带动现场气氛、保障场内秩序。

2022年2月4日，是我最难忘的一天。当晚8时整，是我最难忘的时刻。在短暂的一个半小时后，我开启了21天的独居隔离生活。21天与其说是隔离，更像是闭关修炼。21天没有外界的杂音，一个人在房间聆听自己心里的声音。

或许别人眼里的冬奥，是赛场上的激情澎湃，是场外备战挥洒的汗水，是赛后的热泪盈眶，是比赛期间的点滴感动。于我而言，冬奥更像是一场烟火。精心准备每一个细节，重复演练预想每一种可能，经历了120多个日夜的练习，只为那一刻的绽放，绽放后又悄然落幕，留给大家无尽的想象。

隔离的第1天，我还沉浸在激动的情绪中。回想起那晚7时30分，在候场区的大家都专注地盯着电视。升国旗时，所有人摘下帽子，大声跟唱国歌，心中无尽地感动。一想到中国从没有资格参加奥运会到如今主办一届冬奥会，国家富强昌盛，我不禁热泪盈眶。

那天我没有想象中那么紧张，也没有失误。但运动员入场的情况却比我们平时排练时要复杂，日常控制在一小时以内的入场环节，持续了近一个半小时。其实入场式刚进行到一半时我就没有力气了，可不知从哪来的劲儿，我竟然撑满了整场。我一直同运动员打招呼，不停地重复着“Welcome（欢迎）”“加油”，催促他们跟紧引导员，有秩序地下场。还记得我从中国队的人群中一眼就认出了谷爱凌，激动地对着她喊：“牛！”她也开心地向我招手。等我下场的时候嗓子哑了，直接瘫倒在椅子上。感觉身体已经达到极限，但我心里却有一股劲支撑着，还不停地沿路对场外的志愿者们说“辛苦啦”。下场走出鸟巢时正好看到漫天璀璨的烟花，那一刻我只觉得幸福、自豪。

第5天，一个老爷爷坐在窗外的石头上唱歌，我透过窗户刚好能看见他，世界依旧鲜活有趣。2022年是我第一次离开家乡在北京过年。因为室友都是北京孩子，所以他们很早就离开宿舍，只剩我一个人。不过学校在除夕那天组织大家一起过年，年味十足。我还专门准备了一个喜庆的造型去吃年夜饭。虽然不能和家里人见面，但新春的祝福和对家乡的思念也能通过屏幕传到千里之外。

第7天，我还和其他高校的同学讨论如何利用隔离时间减肥。志愿服务期间，我认识了很多其他高校志同道合的朋友。大家在训练和隔离期间不断交流，我了解了其他高校同学的生活，见识到更加广阔的世界，也更加坚定了我努力向上的决心。自从高考后我已经很久没有这样一群人为了同一件事共同奋斗的感觉了，感谢冬奥会让我再一次体会到众志成城、激情昂扬的感受。训练虽然很辛苦，但我的内心却很富足。

第10天，窗外下起了大雪，白皑皑的世界一片寂静。回想起在训练期间，我总想着在正式演出那天能不能拍到自己的特写，能不能出现在全世界的媒体平台上，能不能有幸成为万众瞩目的焦点。冬奥会开幕式火炬台的设计理念是“燕山雪花大如席”，大雪花由一片片小小的雪花组成，虽然小雪花不是最耀眼的，却缺一不可。每一片小雪花都在闪耀着光芒。这样的精神打动了我，就在上场前一刻，我忽然觉得是否能在电视上看见自己也没那么重要了。我的生命中能有在冬奥会期间留下的如此浓墨重彩的一笔，于我而言何其有幸。

第16天，电视里播放的是冬奥会闭幕式

马睿笛在国家体育场参加 2022 年北京冬奥会开幕式彩排

实时转播，一转眼冬奥会就结束了。想到过去的四个月没有周末和假期，没有任何人喊过一句累，只为了这一个多小时最完美的呈现。每每想到我们将代表中国青年的年轻活力出现在全世界面前，就感觉每一滴汗水都被赋予了意义。

21 天，说短也不短，说长也不长，却足够让我把这段时间的经历反复咀嚼、细细品味。我无疑是幸运的，在 20 岁的年纪遇上了这场冬奥盛会，有机会代表中国青年站在全世界面前。

第 21 天，我走出隔离酒店的大门，外面的天空很高、很蓝。阳光透过门楣，照耀着空气中的微尘，闪着光。我开心地对隔离点的医生说："谢谢，再见。"我知道，我的人生将开启新的一页。

与冬奥同行，一起向未来

马南翔

马南翔个人简介

马南翔，体育教育训练学院 2019 级体育教育专业本科生，在 2022 年北京冬奥会期间，担任五棵松场馆女子冰球项目志愿者，主要工作是摆放比赛训练用球、运送比赛服和训练服等。

从2008年到2022年，时隔14年，2月4日冬奥会终于在北京拉开序幕，奥林匹克之火再度在鸟巢点燃热情与活力、骄傲与自豪，在新的历史时刻让温暖洒满京城，我们共享“双奥”荣光。

我是首都体育学院体育教育专业学生马南翔，是北京冬奥会体育领域志愿者，冰球运动员服务助理。我的舅舅郝江涛，是一名来自北京公共交通控股（集团）第六客运分公司的驾驶员，作为后勤保障运输任务中的一员，主要负责女子冰球队训练比赛交通保障用车。2022年的冬天对于祖国、对于全国人民是意义非凡的雪季，我和舅舅奋战在冬奥的一线，坚守在各自的岗位上，为北京冬奥会奉献出一份绵薄之力。

2008年北京奥运会的成功举办，是激励我爱上体育的最初原因。那首传遍大街小巷的《北京欢迎你》直击心灵，奥运火炬照亮北京的天空，那一遍遍奏响的《义勇军进行曲》以及奥运健儿为国争光的一幕幕精彩画面，深深地印在了我的脑海中。2015年北京申办冬奥成功时，我认为冬奥会离我很远，又离我很近，那时还是初中生的我不曾想过，我会以志愿者的身份坚守在冬奥会的一线。记得大二刚开学时，北京冬奥会筹备工作进入冲刺阶段，志愿者报名通道开启后，我第一时间报了名，经过层层筛选与考核，顺利加入冬奥志愿者大家庭。2021年初，我有幸参加了五棵松体育馆冬奥测试赛，并圆满完成了志愿者服务任务。

我的舅舅作为首都公交集团一名首席司机，在2019年新中国成立70周年大庆及2021年建党100周年庆典等各种重大活动现场，都能看到他的身影。在冬奥会来临之际，他又有幸成为后勤保障运输任务的一名志愿者。在工作之余，舅舅每天都会跟我聊聊天、说说见闻，我们互相鼓励、打气。舅舅也会时常督促我，作为志愿者，我们不仅代表自己，更代表了国家，不能随心所欲，应该时刻提醒自己，要把最好的形象展示给外国友人，为冬奥会贡献自己的一份力量。

家里人在得知我和舅舅将服务冬奥会后，在第一时间给予支持，嘱咐我们在保护好自己的同时，更要出色完成党和国家交付的任务，做好自己的本职工作，不辱使命，不负厚望，践行“请党放心，冬奥有我”的誓言。我们上阵“父子兵”，一同为这场“精彩、非凡、卓越”的冬奥盛会奉献自己的力量。

这次冬奥会，我在五棵松场馆冰球项目进行志愿服务。我们分成早、中、晚三个班次，从早上7点到凌晨1点，在现场给参加比赛的各国运动员提供各种保障服务。我主要负责的工作是各支队伍训练冰球和训练比赛服装运送。在工作中我难免会遇到一些难题，但在组

马南翔（右）在五棵松场馆冰球项目进行物品收纳工作

员的共同努力下都一一化解了。随着赛程的深入，大家已经可以熟练地完成各项任务，在台前幕后默默地为冬奥助力。

2022 年 2 月 4 日，北京时间早上 6 时，远处的天边渐渐泛白，运服小组准备登上班车出发，刺骨的寒风在耳边呼呼作响。到达五棵松场馆后，吃完早饭，我开始了运服小组赛前的准备工作，此时距离比赛开始还有 5 个小时。我把前一天晚上已经洗好的球队比赛服装用推车送到更衣室外，和球队器材师对接。另一边，舅舅到达冬奥村，进行每天必做的酒精检测与签到，在检查完车辆情况后，发车去站点接比赛队伍，此时距离比赛开始还有 3 个小时。舅舅顺利将球队送到场馆，而我正在进行赛前队员席与受罚席的补给，此时距离比赛开始还有一个半小时。检查完车辆后，舅舅的赛前任务顺利完成，我把 50 个热身球摆在队员席后，同样结束了我的赛前准备工作。走出场馆来到停车场，见到舅舅，我们简单地聊了几句，便回到了各自的岗位，等待比赛开始，等待新的任务。一天的工作结束，我们要回到各自的驻地休息，因为排班时间不一样，可能下次见到舅舅，就是冬奥会结束回家之后了，道别过后，满是不舍。

令我印象最深刻的是，中国女子冰球队战胜丹麦女子冰球队，夺得了本届比赛首胜。在赛后的更衣室外，志愿者与工作人员站在通道祝贺中国队，女队队员们眼里泛着泪光，一声声“加油，中国队”响彻全场。

通过培训、演练及上岗服务，我深刻体会到了志愿服务的意义，也增强了社会责任感。奥运会是一个舞台，展现着力量、意志、技巧和自然的美，以及生理上的极限，人们为胜利所鼓舞，为失误而遗憾，为参与而自豪。作为举办方，我们每一个中国人都是这场盛会的主人，作为东道主，我们应该有东道主的风度和精神。这个春节我虽然第一次没能与家人团聚，也是第一次在外过生日，但是能够参与冬奥会志愿服务，让我感受到了国家实力的强大和“三亿人上冰雪”的浓厚氛围，这是我最难忘的人生经历，能够成为一名志愿者为冬奥出力，我感到非常自豪！

让志愿精神穿越寒冬，奔赴未来

单　彤

单彤个人简介

单彤，体育教育训练学院 2019 级体育教育专业本科生，在 2022 年北京冬奥会和冬残奥会期间，分别担任北京五棵松场馆女子冰球项目和国家体育馆男子冰球项目志愿者和运动员服务助理，主要工作是负责运动员比赛和休息期间的补给服务以及赛后洗衣服务。

北京冬奥会开幕前，我身为冬奥志愿者提前进入“闭环”状态，1月23日进入五棵松体育馆进行培训和正式比赛服务。在男子冰球项目的14个比赛日里，我为赛事保障和运动员服务贡献了自己的力量和热情。我和运动员服务领域的志愿者们热情洋溢，一丝不苟，高度负责，团结一心，在通勤管控、赛场清废、器材管理、运动员服务等岗位上努力工作，在志愿服务中受益匪浅。

我的主要工作是准备训练用球和比赛用的冰冻球，并负责清点和运送，为各个国家队运送衣物并联络队陪，为五棵松体育中心的冰球赛事器材和洗衣工作提供了有力的保障服务。与其他场馆项目不同的是，冰球在2月4日就已经开赛了，在正式服务之前我们就进入场馆，由运动员服务领域的负责老师首先为志愿者进行了整体培训，通过“由内及外”的方式，将竞赛馆与训练馆的路线、各个国家队的更衣室以及赛时更衣室进行了定点讲解，从多角度为我们介绍了场馆的详细信息、各个业务领域的工作内容以及志愿服务中的各类相关知识，这让我们快速地进入了工作状态，使我们对自己的岗位工作有了初步认知，也对志愿服务有了更多热情。2月24日，场馆的老师们以“你需要知道的25件事”为主题，为志愿者们讲解了作为场馆工作人员必须遵守的各项规章制度。在熟悉的过程中，老师们热情帮助志愿者熟悉场馆各类设施，使志愿者提前了解自己所需要服务的区域并对场地进行参观了解。我意识到自己正参与国家伟业中，正在与千万志愿者一起用辛勤工作和一腔热血为冬奥会的顺利举办添砖加瓦。我们每天都检查赛道是否干净、冰球是否存在问题，清点训练球数量是否缺少、永久更衣室和赛事更衣室是否需要补给，了解各个国家队的衣物什么时间送达，以保证整个赛事顺利进行。我们是运动员与赛场连接的环节，运动员们随时都会咨询比赛、生活、场馆的有关情况。只有我们对场馆、比赛情况了如指掌，才能提升服务质量，保证优质的志愿服务。

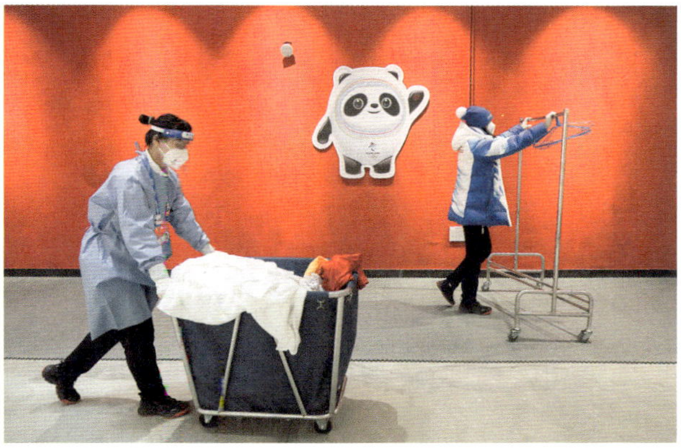

单彤（左）在北京冰立方场馆冰球项目赛后运送二湿衣物

冬奥会结束之后，我从五棵松场馆转移到国家体育馆继续服务2022年北京冬残奥会，现已圆满完成双奥会任务。我是冬残奥会冰球项目的志愿者，时刻坚守工作岗位，弘扬志愿者精神，以饱满的热情和优质的服务为北京冬残奥会的圆满落幕奉献青春力量。为了确保运动员顺利训练和比赛，我们需要帮助运动员清洗冰球、运送衣服、运输比赛装备、接送运动员上下场，为运动员减轻不必要的负担，以便他们可以更快到达赛场，除此之外还负责比赛场地（FOP）等区域的用品补给。

2022年北京冬奥会是国家的盛事，赛场上体育健儿们的精彩表现，时刻感染着亿万人民，特别是冬残奥会上残疾运动员们的表现更让人激动。虽然他们身体有残疾，但他们身残志坚的顽强拼搏精神令我在心灵的最深处涨起一股股激情与力量！

在冬残奥会结束后，我深深地感觉到，他们才是生活的真正强者。我在为他们提供志愿服务时，感觉到在当今社会残疾人正在被浓浓的关爱所包围，他们顽强不屈的精神使他们成为赛场中最闪亮的人物。自 48 年前冬季奥林匹克运动会向残疾人敞开大门以来，数以万计的残疾运动员用惊人的毅力与顽强不屈的精神，在富有挑战的赛场上以摄人心魄的勇气，书写着一篇篇动人的华章。他们用行动向世界证明：我能行！在赛场上我看到，他们是快乐的使者，每个人的脸上都带着微笑，他们没有因为自己的生理缺陷而烦恼，也没有因为行动的不便而气馁，他们的精神值得我们这些肢体健全的人学习。

有些运动员虽然双目失明，但他们灿烂的笑容并没有因为双眼失去光明而黯淡；有些运动员虽然只能依靠着轮椅，但是这并没有阻止他们对奔跑的渴望；有些运动员虽然失去了双臂，但是心中的翅膀依然引领着他们在赛场上飞翔！每当观看他们在赛场上精彩的演绎时，我的内心都会感到激情澎湃。“世界上最快乐的事，莫过于为理想而奋斗。”在残奥赛场上，

单彤在北京冰立方场馆冰球项目赛前用冰球摆出各比赛队伍的英文简称

运动员们用实力和斗志展现出的奋力拼搏、永不言弃的精神深深感动着每个人。他们以顽强的精神挑战自我，表达着对命运的不屈。怀着对冬残奥会运动员们满满的敬佩，我们用专业和赤诚圆满完成了服务保障任务，向全世界传递爱的力量！

能够参与这场举世瞩目的盛会，每一位志愿者都感到无比光荣。“一起向未来”不仅是一句口号，更是每一位青年共同奋斗的目标！在短短 9 天时间里，我看见志愿者们炽热的心与纯洁的冰雪碰撞出了惊艳世界的光彩，我们定会将这份珍贵的收获珍藏，在未来继续创造辉煌！

最可爱的人，最幸运的我

章怡鸣

章怡鸣个人简介

章怡鸣，武术与表演学院2020级舞蹈表演专业本科生，在2022年北京冬奥会期间，担任五棵松场馆冰球项目舞蹈演职人员，主要工作是中场休息时进行舞蹈表演。

历时3个月，从选拔到训练，从进馆彩排到正式开始服务冬奥，我们经历了许多，也克服了许多，但最后收获更多的还是快乐。

作为一名新时代的青年大学生，我觉得很幸运，在风华正茂的年纪得到了服务冬奥会的机会。还记得当得知北京成为世界上第一个“双奥”之城的时候，我心潮澎湃。

但在我真正开始服务冬奥的时候，心情却平静了下来，只是在这平静的背后隐藏着些许雀跃。就像即将上战场的战士，我虽然紧张、不安，甚至还有点害怕，但我不能退缩、不能放弃，也不能怠慢；表演的看台就是我的战场，当我站在战场上的那一刹那，我的肢体就是我的枪，我的热情就是我的子弹，而最后我能呈现出来的，我们能呈现出来的，就是让世界人民为之震撼的中国力量！

作为一名演职人员，我们每天要重复许多次同样的舞蹈动作，重复从酒店到场馆两点一线的奔波。还记得有一天我非常疲倦，可当看到中国国旗飘荡在赛场上空时，我就觉得一切都是值得的。当时遇到的小困难、小挫折，如今回想起来却让人会心一笑、回味无穷。

在冬奥会的赛场上，有许多让我敬佩、让我感动、让我想学习的人，他们也是大家学习的榜样。同样，我们每个全身心投入到冬奥中的人都是令人敬佩的，也是最可爱的人。

运动健儿们啊，你们是最可爱的人。不管是哪个国家的运动员，你们每场比赛都拼尽全力为国争光的场景，如此让人感叹。每一次，当看到运动员们在场上挥洒汗水、拼搏不息的时候，我都不禁肃然起敬、热泪盈眶。而最让我感慨的，还是冬残奥会的运动员们。在他们身上，我能够看到热爱的力量和坚持的奇迹。

泰戈尔说：天空没有翅膀的痕迹，但是我已飞过了。艾青对朋友说：或许有人到不了彼岸，但我们共同拥有过大海。或许不是每个运动员都能取得很好的成绩，但你们每一个人、每一个拥有体育道德和体育精神的人，都是最可爱的人！

吉祥物的扮演者啊，你们是最可爱的人。你们为观众、为运动员、为裁判，也为千千万万像我一样的志愿者带来了那么多的欢乐。你们憨态可掬又热情可爱的小模样，还蕴含着深远的寓意。冰墩墩的“冰”象征着纯洁与坚强，“墩墩”则代表着敦厚、健康、活泼、可爱。雪容融的“雪”象征洁白、美丽，“容融”则表达了世界文明交流互鉴、和谐发展的理念。你们把吉祥物演活了，也把中国想要展示给世界的中国精神、中国希望演“活”了。很多人都不知道你们有多辛苦，但我知道。又大又厚的玩偶服时常让你们感觉闷热，跳完一场下来就大汗淋漓，只能从透气的小孔探寻路线，几乎等于看不见。但你们不在乎，你们每场表演都拼尽了全力。我敬佩你们，你们就是最可爱的人！

和我一样的志愿者们啊，你们是最可爱的人。我时常听到一句话：你若要喜爱自己的价值，你就得给世界创造价值。我觉得，我们做到了！数据显示，北京冬奥会志愿者报名人数超过100万，其中18~35岁人群超过95%，新时代的大学生就是志愿者中的主力军。我们给自己的青春写下了绚烂的一笔，向世界证明了我们的价值，同时也向世界展示了中国青年的精神和魄力！

我认为，青年是时代的勇者。当疫情肆

虐，多少疫情防控的岗位上留下了新时代青年的身影，不惧危险，勇往直前；追溯往日，爱国青年吹响了新民主主义的号角，在峥嵘岁月中砥砺前行；回首历史，戊戌六君子为了变法不惧牺牲，在专制与反动统治下救亡图存。历史的长河记录了太多，中国青年，不愧为国之脊梁，你们都是最可爱的人！

我爱冬奥会，我爱北京，我爱中国！是冬奥会，把五湖四海的人们汇聚在一起，为一个共同的目标奋斗着，不掺杂一点私念；是北京，成为世界上第一个“双奥之城”，创造了奇迹。

北京冬奥会为世界带来了和平、奋斗和希望。有人说，北京冬奥会就是要向世界证明，竞争激烈的对手也能和平共处，彼此尊重。世界和平，美美与共，才是冬奥会最大的希冀。这是世界上每一个人希望看到的。

章怡鸣在五棵松场馆冰球项目进行舞蹈表演前候场

真希望有一天“世界和平”不再只是一句口号，世界上没有因为战乱而流离失所的人们，没有因为国仇家恨而被迫分离的亲友，每个人的脸上都能洋溢着笑容，就像冬奥会期间一样，没有战争，没有伤害。

我们从来都不是生活在一个和平的年代，只是生活在一个和平的国家，一个强大到可以保护每一个人民的国家。我多么幸运能生在中国，能在这样一个和平的国家恣意挥洒青春，创造自己的价值，寻找自己的理想，遇见那么多可爱的人。

在“双奥之城”的“双奥”之旅

张洪林

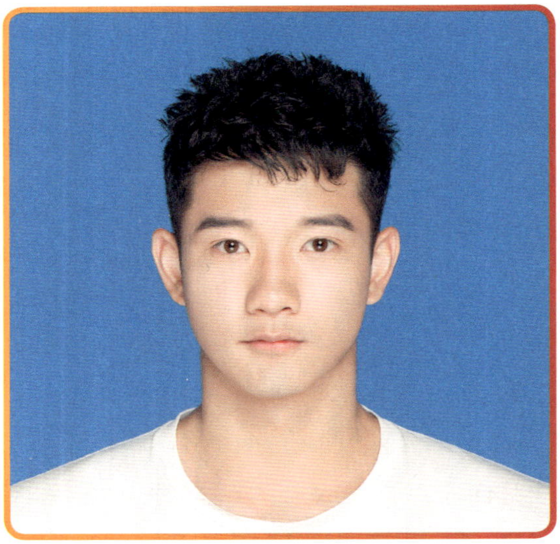

张洪林个人简介

张洪林，体育教育训练学院2019级体育教育专业本科生，在2022年北京冬奥会和冬残奥会期间，担任国家体育馆冰球项目志愿者，主要工作是准备运动员所需物资，保障比赛顺利进行。

冬奥之际，在这座"双奥"之城，全世界都将铭记这新春伊始的一刻。

2022年初，我国举办了一场划时代的冬季奥运盛会。立春之际，全世界的人们欢聚一堂共享冬奥的魅力，作为东道主，我们将中华五千年积淀的浪漫展现给了世人，作为志愿者的我，也将我的热情献给了整个冬奥会和冬残奥会。

岁月不居，时节如流。当我回想起冬奥期间的这段经历时，不禁感叹奥林匹克精神的卓越不凡。下面我将带领大家一起走进我的冬奥之旅，一起感受在冬奥期间一幕幕令人泪目的瞬间。

最初的感动还要从开幕式说起。身为志愿者，我也是首次有幸可以亲临现场观看冬奥会开幕式。在开幕式上，一个个暖心的细节令人泪目，在《闪亮的雪花》节目中"掉队的小鸽子"被拉回队伍这一幕令人动容，张艺谋总导演在后续解说道，此灵感来自排练时一次真实的掉队，也正是这一次"掉队"使整个节目甚是温暖、幸福，最终决定把这个细节加入整个表演中，在开幕式上才有了这样的呈现方式，更好地诠释了"更快、更高、更强、更团结"的奥林匹克格言，也向全世界展示了中国一个也不能落下的团结意志。

冬奥完结了篇章，残奥拉开了卷轴。在冬残奥会开幕式"点火仪式"上，备受瞩目的主火炬点火依然是那片"大雪花"，还是那束微火，但不一样的是，点火的是一位视障运动员，这也是全世界首次由视障运动员点燃奥运圣火，整个点火过程并没有想象中那样顺利，整个过程长达71秒，他摸索着将火炬嵌入主火炬时，一声"加油"划破寂静，在全场观众的齐声"加油"中主火炬被成功点燃，所有人无不为之感动、欢呼！主火炬点燃后，绚烂的烟花在夜空盛放，现场的演员和观众，或用手语或用欢呼声，共同表达着一起向未来的美好愿望！这一幕也让世人看到了残疾人自强不息、努力向上的顽强精神，在我的心中也对残疾人燃起一份敬意。

如果说在冬奥会上，每位运动员都将挑战极限、超越自我的精神融入赛场，那么冬残奥会便是一个个不屈的灵魂向全世界呐喊："我们也是冠军！"

让我深深地感受到残奥运动员不屈不挠的拼搏精神，还要从我的志愿工作说起。在服务国家体育馆残奥冰球项目期间，我是第一次服务残疾运动员，也是第一次接触残疾人。我的志愿工作岗位是"运动员服务"，顾名思义，我的工作内容就是服务于运动员。在残奥冰球项目中，每位运动员都有不同级别的下肢残疾，因此在冬奥会结束后，无论是国家体育馆设施的转型还是我们运动员服务志愿者工作内容的变化都处处体现着细致与贴心。

冬奥期间，场馆内铺设的防滑胶垫是为方便运动员穿着冰鞋行走，防止损坏运动员冰刀，到了冬残奥期间，场馆则将防滑胶垫更换为仿冰板，方便残奥冰球运动员坐在冰橇上滑行，场边替补席也将原来的挡板更换成了透明隔板，还有混采区降低高度的栏架、更衣室不同高度的手消、热身区和更衣室每个隔层中都放置着不同饮料的饮水柜，这些细节都是为了残奥运动员在日常行动中更加方便。我们在服务残疾运动员时特别注意尊重、平等地对待他们，格外注意细节，例如，与坐在轮椅上下肢残疾的运动员交流时要半蹲平视交流、使用轮椅推送运动员下坡时要调转方向倒退着下坡等。冬残奥会准备期间，我们每位工作人员和志愿者都在设身处地地为运动员着想，愿他们在远离家乡期间依然能找到家的感觉。

除了这些细节之外，运动员在场下的日常训练中的场景更是触动了我的内心。在运动员更衣室通道中，你总能看到一些运动员，虽然他们下肢残疾，但依然自己穿厚重的冰球服，一只手拿着冰球杆，另一只手拎着沉甸甸的雪橇，一步步挪蹭到训练场进行赛前训练，看着他们挪蹭脚步的背影，我的心里有着说不出来的滋味，同时对他们升起深深的敬意。

张洪林在国家体育馆冰球项目进行赛后收取运动员器材工作

也有许多运动员坐着轮椅把雪橇放在自己腿上夹着固定住，独自滚动着轮椅两侧的车轮前去赛场，如果在途中头盔或冰球杆掉在了地上，他们会迅速俯身捡起来。无论是坐轮椅还是拄拐杖的运动员，他们的日常行为处处体现着自立、自强，那种不屈服、不服输的精神已然与他们的灵魂融为一体，由内而外淋漓尽致地展现出来。

赛场上，这些运动员们坐在雪橇上竞相拼搏，在激烈的对抗中一次又一次翻倒，一次又一次起身，一次又一次拼抢，在与对手竞争的同时也与自己进行对抗，这才是真正不屈不挠的奥运精神！所有的残奥运动员都没有被肢体残缺打垮，他们比健全人更自立、更自强！

“双奥”之旅，让我看到了每位运动员超越自我、挑战极限的精神，也看到了他们对“更高、更快、更强”的追求。回看我们自身，还有什么理由放任自己？相比这些冬奥会的运动员们，他们肩负着更大的压力，背负的是国家荣誉，他们进行更严苛的训练，在全世界最高水平的竞技场上激烈对抗，这些世界顶尖的运动员们一次又一次突破自我。相比冬残奥会的运动员们，我们有着健全的身体，我们有着便利的条件，我们的生活中比他们少了很多的障碍，我们相比他们生活得更安逸舒适，我们还有什么理由不奋斗、不上进！

铸华夏之魂，筑华夏之梦。作为新时代的青年，我们流淌着华夏血液，是国家的栋梁，在祖国繁荣富强之际，我们要将奥林匹克精神融入生活，努力为国家繁荣富强贡献一份自己的力量。

不同的岗位，不同的体验

关美琪

关美琪个人简介

关美琪，管理与传播学院2020级体育经济与管理（奥林匹克冰雪方向）专业本科生，在2022年北京冬奥会和冬残奥会期间，分别担任张家口云顶滑雪公园和张家口转播中心奥林匹克转播服务公司（OBS）音频助理，主要工作是协助完成冬奥会转播任务。

我是2020级经管2班的关美琪，是转播培训项目一员。在冬奥会期间，我在张家口云顶滑雪公园担任奥林匹克转播服务公司音频助理职务；在冬残奥会中，我在张家口山地转播中心担任奥林匹克转播服务公司助理职务。

冬奥会，音频助理

刚被分配到张家口地区的时候，张家口的寒冷天气令我内心有一丝胆怯，因为这意味着我在接下来的一段时间里可能每天都要与雪花相伴，后续的事实也证明确实如此。但这里的寒冷也留给了我非同寻常的体验，在工作方面，我协助来自中国中央广播电视总台的老师们，主要负责雪上技巧、空中技巧、平行大回转和U形池比赛的收音工作。

雪上技巧和空中技巧的比赛通常都在晚上举行，在零下30多摄氏度的雪场上被冻得浑身发抖也慢慢成为习以为常的事情。每天上班前，帽子、围巾、手套、暖宝宝都成了必不可少的装备。经常是一场比赛结束，我的帽子和围巾上早已被冰雪覆盖，但寒冷的天气终究还是被中国运动员的精彩表现和成功的喜悦温暖。当中国运动健儿们在空中腾起，展现着完美的动作并平稳落地时，我不由得热泪盈眶。当全场为徐梦桃欢呼呐喊时，当全场为谷爱凌振臂高呼时，我的内心毫无疑问是火热激动的。

让我印象最深刻的是平行大回转的比赛，当时我的岗位在靠近山顶的位置，白得耀眼的赛道尽收眼底。精彩的比赛持续了近3个小时，而我在赛道旁站了近5个小时，冰天雪地的寒冷使我忍不住哭出来，但是比赛过程中各国运动员们澎湃的热情和漂亮的动作却令我的内心无比火热与兴奋！

原以为漫长的20多天转瞬即逝，回想那一件件小事，在U形池被运动员误伤后依然护着摄像机不撒手的老师、在认识的第一天就给了我20个徽章的老师、临走前送给我自画冰墩墩口罩的老师……我思绪万千，一幅幅画面在我眼前闪过。在U形池中摔倒把老师撞飞后的紧张与忍俊不禁、临别前大家一起吃火锅煮饺子时的欢声笑语……欢笑、紧张、感动，不同的情感在这短短的14天里交织相融。

我感谢这场相遇，与其说他们是和我一起工作的伙伴，倒不如说更像是家人。近一个月的接触，让我受益匪浅，这将是我一辈子的宝贵财富。

冬残奥会，赛事服务

简单休整4天之后，我继续投入到了冬残奥会的服务当中，岗位内容与冬奥会完全不同，这次我是在室内工作，负责配合转播商们进行工作。冬残奥会的工作琐碎繁多，相较之前更需要耐心和细心。

在和各国转播商们交流时，全英文交流的环境让我感到紧张，但每次他们都会耐心地听我说完并回应一个温暖的笑容。他们的温柔善良让我感到轻松，也减轻了我的压力。

我在这遇见了同样值得铭记的人和事，遇见了对我们非常友好的经理，遇见了十分热情的志愿者，认识了很多来自不同国家和地区的伙伴们。当开幕式的烟花闪耀时，当闭幕式的晚会开始时，幸好有他们陪我一起度过。

借用2022年北京冬奥会和冬残奥会组织委员会蔡奇主席的一句话来说，“两个冬奥同样精彩”。冬奥会和冬残奥会于我来说是两种不同的经历，带来了两种不同的体验，但毫无疑问的是，它们都是我人生中不可多得的感受，是我人生中宝贵的财富，而我也会永远铭记于心。

关美琪（左）在张家口云顶滑雪公园
与中国参赛队员合影

借冬奥之帆，扬中国精神

王欣靓

王欣靓个人简介

王欣靓，管理与传播学院2019级体育经济与管理专业本科生，在2022年北京冬奥会和冬残奥会期间，担任首都体育馆庆典仪式志愿者，主要工作是负责短道速滑、花样滑冰等颁奖仪式的筹备与执行。

在经历了面试和选拔后，非常幸运，我成为2022年冬奥会志愿者大家庭的一名成员。在此次志愿活动中，我所在的领域是庆典仪式运行团队，主要负责颁奖仪式的场地布置以及消杀工作。虽然我曾经参加过测试赛，但是正式的冬奥会与测试赛还是有很大区别的。冬奥会中我们的工作难度大大增加，从两周一次的颁奖仪式改为两天一次甚至有时一天三次。我们需要在5分钟之内完成3张长14米、重约300斤的颁奖地毯的摆放、1张长10米重约200斤的摄影地毯的摆放、6张颁奖台的运输、贴片组装拼接以及置物台的运输及摆放。

这个工作对于我们6名志愿者来说是一个艰巨的任务，因为我们6个人里包括4名女生、2名男生。我们需要合理分配工作以及默契地配合，才可以在几分钟内完成这个颁奖场地的布置任务。在前期也就是冬奥会开始前，短短4分钟的颁奖环节，我们在办公室中一起讨论布置方案，一次一次地修改、一次一次地进步，效率也在逐渐提高。在这个过程中，我们这个6人小团队也在不断熟悉，同时形成默契。方案定好了，也就意味着演练的时间到了，第一次现场演练，我们用4分39秒完成了任务，但由于是第一次实地演练，又有严格的时间要求，我们比较慌张，所以场地布置有一些瑕疵，例如地毯不那么平整、有一些小小的褶皱和翘边。虽然在平时看来这只是一些小问题，但是在冬奥会的现场，这些小问题都是不允许发生的，因为这会影响中国的对外形象，也会让电视转播的效果降低。后期我们针

王欣靓在首都体育馆进行庆典仪式彩排

对这些问题，又进行了改进，在撤出场地前，增加一个将地毯拉平的调整环节，并用装满水的喷壶在地毯周围洒一圈水，这样可以有效解决地毯褶皱以及翘边的问题。接下来又经过几次演练，我们的6人小团队已经配合得非常默契了，工作也得到了场馆经理的认可。

正式比赛开始了，作为颁奖仪式的志愿者，我们多么希望中国队能够登上我们亲手布置的颁奖台！何其荣幸，我们在2月5日亲眼见证了这届冬奥会中国首金诞生。当看到中国队冲向终点时，我们都很激动，但也很快冷静下来，保持工作状态。那一刻，我感到无比自豪，为中国队自豪，也为服务赛会的我们感到自豪，发自内心地觉得志愿服务工作付出的一切都值得！对中国冬奥的情怀是我不断付出和奉献的动力。能够亲眼见证首金诞生，于我而言，是一种梦想可及的感觉。

转眼间，冬奥会已经落下了帷幕，我们也开始了隔离生活。细细回味，“天才少女”谷爱凌、“天才少年”苏翊鸣、滑雪冠军徐梦桃的诞生，花滑选手隋文静、韩聪稳定的发挥，速度滑冰高亭宇打破世界纪录……一次次艰难的突破、一项项喜人的成绩，昭示着我国冬季体育事业不断发展进步，已经迈入新阶段，体育强国梦也正在逐步实现。不同信仰、不同肤色、不同种族的人们欢聚一堂，共享奥林匹克带来的激情与快乐……冬奥会是那么精彩，那么鼓舞人心，却又那么短暂，转瞬即逝。作为一名志愿者，即使仅仅参与了微不足道的服务工作，但在这期间的所见所闻都给我留下了难忘的回忆。奥林匹克运动精神也会伴随着我的成长，让我铭记于心。

筑梦冰雪，使命在肩

胡思浓

胡思浓个人简介

胡思浓，体育教育训练学院 2019 级运动训练专业本科生，在 2022 年北京冬奥会和冬残奥会期间，担任国家体育馆冰壶项目运动员冰上助理志愿者，主要工作是对运动员物资及冰壶壶底进行清洁。

2022年，北京成功举办了第24届冬奥会，成为世界上唯一的“双奥”之城，我作为首都体育学院参与冬奥会和冬残奥会志愿服务工作的一员，最大的感触就是能亲眼见证比赛夺冠的瞬间，站在世界比赛的赛场上帮助了更多的运动员。从前，我也作为运动员参与过比赛，而这次作为比赛的服务人员，我了解了这场国际级别赛事的活动流程、活动方案、活动策略及如何应对突发情况。作为志愿者，我们像一颗颗螺丝钉一样各司其职，看似渺小，却是组建好一个平台所必不可少的。我们坚守每一班岗，无论是黎明还是深夜，无论是幕后的操作台还是台前的礼宾，即使只是站在迎风口进行路口管控。我从来不抱怨任何一份工作的不易，因为我非常清楚自己在做的这件事情有多么的重要。最早的时候我们5点起床出发，最晚的时候半夜12点集合，凌晨1点到达驻地。我见证过黎明的冰立方，太阳升起时犹如海上日出般美丽，阴天时尽管灰蒙蒙的，但冰墩墩还是在向我亲切地招手，夜色笼罩的冰立方被月亮守护得如此安逸宁静，下雪时披着白色头纱的冰立方更是多了几分温柔。

曾经我也想过，这可是我22年以来第一次离家两个半月，爸爸送我的时候看着我的背影只说了一句：“跟你妈多联系，注意安全。”我心中五味杂陈，头也不敢回。新年那一天，驻地为我们安排了联欢晚会，大家欢聚一堂，爸爸打来视频时还流下了我从未见过的泪水，这让我更是多了几分心酸，但当2月4日北京冬奥会开幕的时候，当五星红旗冉冉升起奏响国歌的时候，当北京大学驻地所有人不约而同在自己寝室里唱起国歌时，国歌从窗户、房门传出来，汇聚到一起，萦绕在北京大学宿舍楼的时候，那不仅仅是一首歌，而是一种力量——无私、团结、爱国。

2月2日冰立方正式开赛了，我所在的竞赛器材管理组主要负责运动员赛前热身、训练器材的消毒和安全维护，以及比赛场地中器材的包装运输，为冰立方的冰壶赛事器材提供了有力的保障服务。我每天对各种器材进行多次检查确认，检查赛道周围海绵条是否完整无缺口、热身器材是否正常运转、集装箱是否完好可用、冰壶是否存在问题……以此保证赛事顺利进行。在为期18天的冰壶比赛中，给我印象最深刻的就是在一次消毒维护热身器材时，一位美国运动员遗失了训练垫，向其他志愿者询问无果后碰到了我，我得知这个情况后首先安慰她不要着急，如果急需可以先拿我的备用垫使用，紧接着我抓紧联系了场馆老师，经过多方协助，帮助她在另外一间体育用房中找到了遗失的垫子。她向我表达了衷心的感谢，并竖起了大拇指。此刻在我心中，骄傲自豪油然而生，我代表的不只是自己，而是来自首都体育学院的志愿者、来自北京冬奥会的志愿者！

在3月4日这场特殊的比赛中，我开启了新的工作——在冬残奥会的赛场上充当运动员的手和脚帮助他们完成比赛。对于坐在轮椅上的运动员来说，在冰上拿取、移动重约40斤的冰壶很不方便，于是每条赛道都分配了两人一组的志愿者。这个岗位的重要性也使得我对工作更加细心和耐心。在场下，我需要在运动员准备区对运动员的轮椅、背包底和鞋底进行清洁，以防杂质进入冰面影响比赛；在场上，我需要帮助他们将冰壶按顺序排好后依次递上每一只壶，并在此之前对冰壶的壶底进行清洁，确保不会因为冰壶原因影响他们发挥出真正的实力。在每一场持续 2~3 小时的比赛中，我都需要单膝跪地擦冰壶 128 次，蹲起 128 次，收取被大力击打的无效冰壶。这需要我对冰壶力度有事先的预判，是一项费体力的工作。尽管汗水会浸湿我的头发从面部流下，手会被橡胶手套泡得发白，但是为了运动员能更好地完成比赛，我依旧秉承着无私奉献的精神来做他们的冰上助手，完成每一场比赛，见证他们的胜利，分享他们的喜悦！无论哪个国家夺取了比赛的胜利，我都会发自内心地祝福他们，跨越国度去学习他们顽强、坚韧、团结的精神。

3 月 12 日冰立方迎来了轮椅冰壶决赛，万众瞩目之下，中国最后一举拿下金牌，这是中国代表团在本届冬残奥会上摘下的第 18 块金牌，他们在家门口赢得了荣誉、成功卫冕。那一刻，现场无人不在欢呼，大家相拥、击掌，幸福的泪水在尽情流淌，成功的喜悦在尽情释放。王海涛队长对着镜头说："老婆，我爱你！"一句话说哭了众多观众，世界冠军是坚忍的、顽强的，他的背后更有无数可爱的人在默默支持。全场肃静，五星红旗在冰立方的上空冉冉升起时，大家共唱《义勇军进行曲》，泪水在眼眶中打转，回想在冰立方的这 48 个日夜，我们共同走过了严冬，迎来了春暖花开，

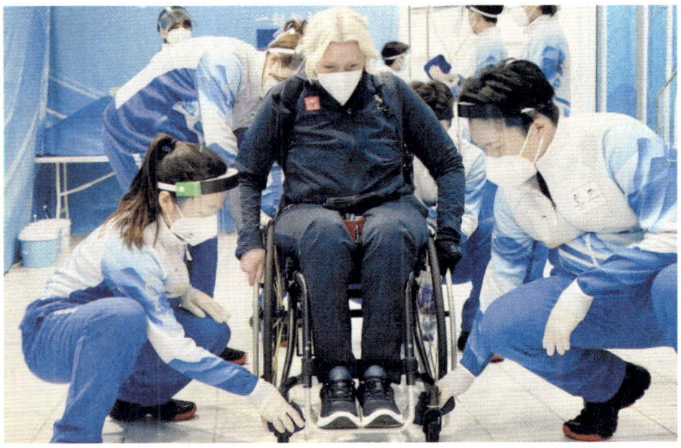

胡思浓（左前）在国家体育馆冰壶项目为轮椅冰壶运动员进行赛前除尘工作

206 场比赛，我们也交出了满意的答卷。虽然我们没有上场拼搏，但是我们一直在拼尽全力为他们创造最好的比赛环境和比赛氛围。冰立方永远纯洁如冰、热情似火，我们是冰立方的蓝精灵，也是最亮丽的名片、最好的风景线。

"予人玫瑰，手有余香"。参与志愿者服务，奉献的是汗水，体验的是感动，净化的是心灵，收获的是快乐，提升的是境界，实现的是真正的人生价值。这次志愿服务让我有机会与我热爱的体育事业共同成长，对这份事业的情怀和责任感，是我不断付出和奉献的动力。能够在学生时代成为一名冬奥会及冬残奥会志愿者，对于我而言，这是一种梦想可及的感觉，在接下来的志愿者工作中，我将进一步弘扬体育精神和"奉献、友爱、互助、进步"的志愿精神，将志愿精神传递给更多人！

鸟巢里燃烧的雪花

康　盈

康盈个人简介

康盈，武术与表演学院2020级舞蹈表演专业本科生，在2022年北京冬奥会期间，担任开幕式标兵志愿者，主要工作是开幕式表演。

康盈在国家体育场参加 2022 年北京冬奥会开幕式彩排

“热情的雪，为大地融化；簇拥着冬梦，暖了春芽。那一瞬间，雪映星空，漫天竞芳华。”随着音乐唱响，我不禁想起那次排练：漫天的雪花与灯光交织在一起，散落在鸟巢上空——这是我回忆过无数次的唯美景象。

很荣幸学校给予我机会，经过层层筛选，我成功入选 2022 年北京冬奥会开幕式标兵志愿者，并如愿在冬奥会开幕式当天与 300 多名小伙伴一起在世界大舞台上完成了精彩表演。

2021 年 10 月初我开启了排练生活，近 30 次且每次长达五六个小时的排练，我从未缺席。记得第一次排练的时候，我就被导演挑到前面带着大家一起练习。起初，大家总是跟不上节拍、忘记动作……但是我从未想过放弃，一遍不行再来一遍。在课余时间，我带着大家去舞蹈教室练习，一组动作可能会练习 2 个小时，就是为了规范动作、统一节奏。如此反反复复，即使是汗水浸湿了后背，累得肌肉酸痛，我们也会认真、标准地完成每一组动作。

11 月初，我们 300 多名开幕式标兵志愿者正式开启了“鸟巢生活”。作为舞蹈表演专业的我，专业优势总是能够让我在第一时间理解导演意图，并高质量完成表演动作。在排练期间，导演总会在耳麦里表扬我，他对我的称呼从“首体女孩”到“斑马女孩”再到“康盈”，甚至在 2 月 4 日晚上正式演出的时候也点名表扬了我。这一次次的表扬是对我专业水平的最大肯定。

最让我难忘的一次排练，那天天气很冷，双手交叉的动作使我的手被冻得没有知觉，五指也展不开。这时，一位导演姐姐给我送来了暖宝宝，让我捏在手里。感受着从掌心向指尖扩散的温暖，我的泪水盈满眼眶，那时我就默默下定决心：“我一定要好好跳！”

2 月 4 日，如期迎来了我们梦寐以求的开幕式。随着导演喊出“标兵进入表演位”的口令，我们欢呼雀跃着跑向场地。当看到习近平总书记和各国来宾就在离我不远处的正前方，我无比激动，同时也充满信心。我和小伙伴们一起昂首挺胸，拿出百分之一百二十的精力完成每一组动作。伴随着《歌唱祖国》的旋律，中国代表团入场。在这一刻，我们热泪盈眶，所有人都欢呼雀跃。

那晚，我们每个人都激情四射，充分展示了中国青年的风采；我们每个人都像一朵青春之花，在全世界人民的注视下精彩绽放！

被雪花包围的 2022 年北京冬奥会开幕式已然结束。回想起那段排练生活，我十分感慨：历时 3 个月的排练，上场只有短暂的 1 小时。这场盛会的完美绽放无时无刻不在向世界传递着我们的国家更加强大，我们的家园充满包容、充满爱。

北京冬天的夜晚有些许寒冷，但冬奥会的每一秒都是幸福的、温暖的。

冬奥蓝衣英雄，平凡铸就伟大

李少谱

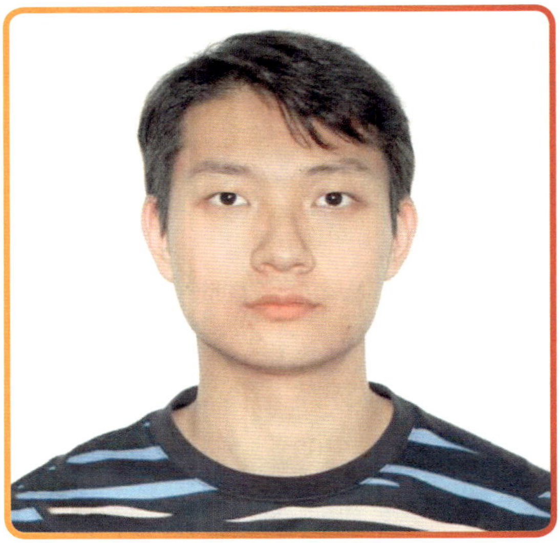

李少谱个人简介

李少谱，休闲与社会体育学院 2020 级休闲体育专业本科生，在 2022 年北京冬奥会和冬残奥会期间，担任延庆赛区国家雪车雪橇中心场馆雪车和钢架雪车项目赛道工作志愿者，主要工作是扫冰。

2022年1月26日—2022年2月20日

这一串看似普通的日期，在2022年这个冬天，对于身穿蓝衣的志愿者是多么重要而又难忘的日子。经过了26天的艰苦奋斗，起初，我感觉在场馆的每一天都过得很慢，但当我正式进入工作状态，我感到时光真的转瞬即逝。可能是因为我工作的强度有些大，身体有时感到疲惫，当我回到酒店第一件事就是倒头大睡，但在梦里我竟然看到了一个精神饱满、斗志昂扬的蓝衣身影出现在雪游龙的出发区上。

最有意义的春节

2022年的春节对我来说意义非凡，这是我第一次没和家人一起过年，但很荣幸能够以冬奥会志愿者的身份在奥林匹克大家庭中找到了像家一样的归属感，与志同道合的人共事，一起庆祝每一个充满激情的瞬间。还记得临行前，我和父亲促膝长谈，他很赞赏我奉献、无畏的精神。在新冠疫情依然严峻的大背景下，我毅然选择成为一名逆行者，有人问我："你不怕有被感染的风险吗？"我毫不犹豫地答道："祖国需要的时候，总是会有人冲上去的。"

此生无悔入华夏，来生还做中国人

观看开幕式时，伴随着《义勇军进行曲》奏响，五星红旗冉冉升起，身穿红衣的中国健儿们出场了。那一刻，我的眼眶湿润了，心中的自豪和喜悦之情无以言表，我感受到了祖国的强盛。作为一名中国青年，我应该担当起新时代赋予我的使命，为祖国贡献自己的青春力量！如果说冬奥会赛场的主角是运动员，那么在幕后默默奉献的每一个可爱又可敬的志愿者们，就像一片片飞舞的雪花，每个人都用自己的力量在每个岗位上发光发热，共同凝结在奥林匹克这个神圣的同心圆中。当仰望浩瀚的星空时，我感叹道："愿星光不负赶路人"。

飘零疏酒盏，离别宽衣带

2月20日临走时，我忍不住回头看了看那个熟悉的“大回环”，忽然眼眶有些湿润，感叹：何时才能与雪游龙再次见面呀！回到出发区域，我的脑海中顿时浮现起了各位技术官员的赞许，也回忆起了外国教练员称赞的目光。在我收到冬奥组委给志愿者们颁发的证书的那一刻，心里唯有感动和激动，通过自己的努力和汗水收获的这份独有的喜悦和幸福，是自己用实践证明的辛勤的伟大。我悄悄地掏出了那张测试赛的照片，心里酸酸的，作为扫冰的骨干志愿者，我为能够服务冬奥会、贡献自己青春的力量而感到万分荣幸。在这次服务期间，我见过凌晨五点的雪游龙，也曾和战友们一起在休息时间打雪仗，和外国运动员一起交流、互送礼品，体验这番不一样的乐趣。晚上回到驻地洗澡时，我经常发现自己的手磨破出血了，但我内心坚定，告诉自己要坚强。每当我看到那一抹中国红出现在赛道上时，心中的自豪感便油然而生。我的岗位是一名扫冰员，看似普通，但是在雪车和钢架雪车项目上，出发对每一位运动员而言就像百米赛跑运动员的起跑一样重要，唯有出发占据优势，才可以一骑绝尘。在一次次滑行中，无论是训练还是比赛，伴随着扫把的一次次清扫，在冰刷的唰唰声中，我得到了一个最大的人生启示：一个人若选择了一件事，即使再苦再累，也一定要坚持下去，因为你一定能收获不一样的感受和喜悦。如果你相信我，那就去验证一下吧。

李少谱在延庆赛区国家雪车雪橇中心进行赛道扫冰工作

同舟共行，山水相逢

缘分，让我们一起相聚北京。从 2008 年到 2022 年，从那个光荣的梦想到这个激情的约会，感谢在赛会期间所有陪伴我的同学们和各位老师的辛苦付出。在你们的陪伴下，我找到了家一样的感觉，这个冬天虽然很冷，但我的心依旧是那么温暖，在雪游龙里没有人与人之间的隔阂，只有人与人之间的理解与互助。我们一起携手用决心和行动点亮了这个历史性时刻，让世界看到了新时代中国青年的担当。我很自豪自己是志愿者大家庭的一员。我希望未来结婚生子时，也可以告诉我的孩子这段经历，带他来参观雪游龙，看看父亲当年工作过的地方，还要告诉他，什么叫信念的伟大。我想，当我再与雪游龙见面时，脑海里也一定会浮现出那个手握扫把、目光坚毅的少年吧！

再会了，雪游龙，这里留下了我一生中最珍贵的回忆。我会小心地将这段美好的回忆永远封存在心中。感谢我能够在最美好的年华遇见最靓丽的自己！

一些回忆

张语晗

张语晗个人简介

张语晗，管理与传播学院2020级体育经济与管理（奥林匹克冰雪方向）专业本科生，在2022年北京冬奥会期间，担任国家速滑馆速度滑冰项目志愿者，主要工作是整理发布场馆运行信息以及竞赛信息，同时协助安排运动员所需设施。

我从知道要来当冬奥会志愿者开始就期待换徽章（pin）。赛会期间，我和很多国际友人互换了各个国家的徽章，每枚徽章的背后都有一个值得回忆的故事。

关于荷兰

荷兰的徽章作为我收到的第一枚徽章，地位非同一般。

春节那天是晚班，我们照常在信息台和每一位进馆的运动员和官员问好，只是把平时的“Welcome”（欢迎）换成了“Happy Chinese new year”（春节快乐）。交班没多久，荷兰队开始陆续进馆，或许是因为我们口罩下比平时更灿烂一些的笑容，或许是因为他们知道了那天是中国春节，又或许是看到了和我们一起当气氛组的荷兰翻译姐姐，一位荷兰小哥在走过信息台之后突然回过头来，在我们还没来得及询问他需要什么帮助时，他就打开包，抓出了一把徽章，放在了信息台和我肩膀差不多高的桌台上，笑着对我们说了一句“Happy new year”（新年快乐）之后匆匆进场。

这是我在冬奥会期间收到的第一枚徽章，天知道当时我有多激动。在进行消杀后，我无比珍重地把它戴在了最靠近注册卡的地方。

关于德国

德国这个国家，我相信每个人都或多或少地对它的一丝不苟有印象，我小时候学钢琴了解到贝多芬等音乐家，让我看到了这份严谨认真背后，存在于德国人骨子里的浪漫，所以，一看到德国的徽章时，我就说：“这个徽章很有德国风格，严谨认真中透露出一丝不一样的浪漫。”

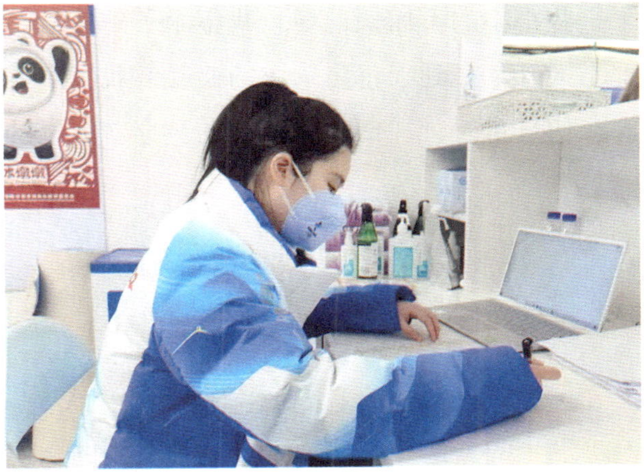

张语晗在国家速滑馆速度滑冰项目整理发布场馆运行信息

关于俄罗斯

俄罗斯，众所周知的战斗民族，却又可可爱爱。俄罗斯运动员会在赛场上奋力拼搏，摔倒了只要还能站起来就继续比赛，会为了国家的荣誉牺牲自我。可私底下他们像是小孩子一样，会在出去遛弯的时候一边揣着手小跑，一边扭头跟我们说“No bye bye，I will back”（不要再见，我还会再回来）；会兴冲冲地揣着一兜子徽章跑到信息台来和我们进行“不等值”的交换，然后把我们给他们的小红灯笼视若珍宝地挂在注册卡上；也会在场馆偶然碰面时笑眯眯地跟我打招呼，即使我们只是脸熟，连名字也不知道。他们就像这枚徽章上的火苗一样，无畏风雨，生生不息。

关于加拿大

我对加拿大的最初印象来源于高中英语课本上的文章。在这个有极光的枫叶国，会在布满落叶的林间小路上立起“精灵出没”的标志牌，那种闲适和温暖似乎可以融化一切的冰冷。

得到加拿大这两枚徽章的那个下午，发生了一些小小的不愉快，导致我整个下午的心情都不太好，直到天将黑未黑的傍晚，我一个人守在信息台时，加拿大队的运动员穿着枫红的羽绒服涌进了场馆，我照常微笑着欢迎他们入场。这时，一个很苗条的小姐姐拿着一个鼓鼓的透明塑料袋走到信息台，笑着递给我说“For share”（分享一下），然后摆摆手离开。我打开袋子，看到的是满满一兜的红色枫叶、国旗、手环，明媚的红色驱走了我心中所有阴霾。等其他志愿者回来之后，我们很开心地分享着这份喜悦，那个欢声笑语的信息台在一瞬间又回来了。

关于瑞士

瑞士的友好是我从一开始就感受到的，他们的彬彬有礼，他们的幽默风趣，让我在每天的接触中了解他们更多。他们不是每天严丝合缝、一秒不差地生活、训练、工作，他们会在你经历了一天的疲惫后来一个小小的恶作剧，让你意想不到地开心。

在志愿服务最后一天的下午，我下班之后去观赛，并在出门的时候为两位看似是领导的瑞士大叔开了门，他看看我的注册卡带，发现我没有瑞士的徽章，就拿出了一枚有着瑞士和中国国旗的徽章，跟我说："Thank you，you are so good."（谢谢你，你非常棒。）我相信这个"you"（你）指的不是我一个人，而是我们全体志愿者和工作人员，那种付出之后的收获，让我心满意足。

关于日本和哆啦 A 梦

这枚徽章来自《朝日新闻》，要感谢把记者带到信息台来的那位志愿者，让我也能蹭一蹭照片，出现在海那边的报纸上。那一期报纸的标题，大致是说"口罩也无法挡住志愿者热情的微笑"，我看不懂具体的内容，但是我记得那天《朝日新闻》的两位记者在对着信息台一阵拍摄之后，像哆啦 A 梦打开百宝袋一样，打开自己的媒体包，给了我们一人一个哆啦 A 梦徽章。试问，这个世界上有谁不爱无所不能的哆啦 A 梦呢？

写在最后

其实我还有很多想拥有的徽章，有的得偿所愿，也有的略带遗憾。妈妈在我志愿工作结束后发了一条朋友圈，标题是"我的思念和你的蓝色翅膀"，有个从小就认识我的姐姐在下边评论说，已经认不出我了，再也不是那个放学后背着小书包跑到科室找妈妈拿钥匙的小女孩了。那一瞬间，时空重叠，妈妈办公桌前抬头就能看见的深蓝色窗户和制服的蓝色一模一样，光影之下是我跨越 14 年后的奥运梦想，从 5 岁到 19 岁，从只能站在还未竣工的鸟巢外远远眺望，到站在国家速滑馆里成为 19000 名志愿者中的一员。

时光的力量，就是可以把那些想要的、奢求的、错过的、遥不可及的事物带来，虽然也许会迟来，但终究能来到我身边。

BEIJING 2022
BEIJING 2022

下篇
亚运会（亚残运会）志愿者

杭州亚运会，筑梦新时代

孙　硕

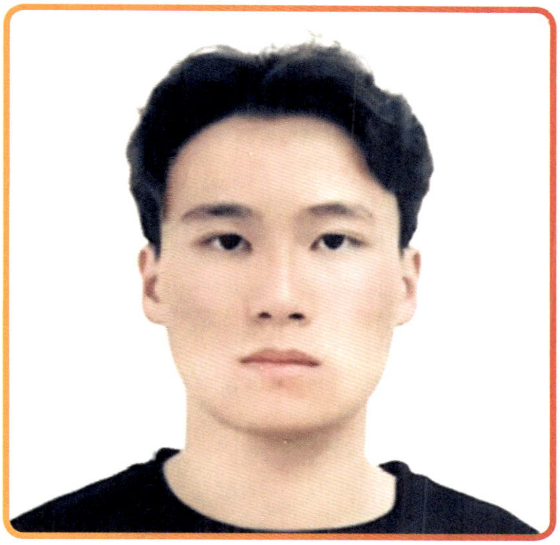

孙硕个人简介

孙硕，体育教育训练学院 2021 级体育教育专业本科生，在杭州第 19 届亚运会期间，担任杭州奥体中心网球中心场馆网球项目计时计分与成绩处理志愿者，主要工作是记录、打印、上传比赛数据。

杭州亚运会不仅是一次体育盛会，更是一次文化交流的盛宴。通过这个平台，各国之间可以相互了解、增进友谊，促进加强亚洲各国的合作和发展。

当杭州遇上亚运，当中国红遇上亚运蓝，注定了第19届亚运会将是一场万众欢腾的体育盛宴，一次勇攀高峰的科技突破，一次别开生面的文化传递。杭州亚运会这股“潮”澎湃向上，展现了“勇立潮头”的中国形象，展现了新时代中国与亚洲、与世界的交融激荡。

兴体育之“潮”，绘“健康中国”之梦。体育强则中国强，国运兴则体育兴。赛场上奖牌榜的数字是运动员竞技实力的证明，国民整体运动水平是体育强国的标配。以筹办亚运会为契机，全民参与、全民健身、全民运动的健身热潮已然掀起，“体育惠民”政策落到实处，全民健身公共服务体系在浙江多地开花结果。大批健身场地嵌入“百姓生活圈”，城市闲置空间变成群众参与锻炼的“金角银边”，“体育让生活更美好”辐射效应持续释放。为民、惠民、便民、利民的亚运，不仅增强了城乡居民的幸福感和获得感，更强有力助推体育强国建设和“健康中国”建设。

兴科技之“潮”，筑“数字中国”之路。在5G、人工智能、物联网等科技信息技术广泛运用的当下，科技助力杭州亚运会已成为新时代的必然选择。从智能亚运数字引擎实现一站式服务到全球超过1亿人参与开幕式数字点火，从移动支付成为亚洲通用语言到3D双威亚应用于大型运动场……一项项技术都是全球首推、首创、首用。这敢为人先、大胆革新的气魄，正是“弄潮儿向涛头立”这一千古名句的生动注脚。在这里，体育与科技、数字与城市的“智能亚运”新模式，正展现出“数字中国”建设的最新成效和最佳实践，中国在建设科技强国道路上正迈出坚定步伐。

兴国风之“潮”，展“人文中国”之美。火炬“薪火”的炬冠以玉琮的寓意为特征，奖牌“湖山”将断桥、三潭印月镶嵌其中，会徽“潮涌”的扇面造型反映江南人文意蕴……一系列极具文化色彩的视觉形象标志和符号载体，向亚洲乃至世界呈现出了中华文明的独特魅力。透过亚运会这扇窗，世界再一次感知中国、读懂中国。“人文中国”的文化自信与时代内涵，借助亚运故事娓娓道来。

千里传音，“而攻坚强者莫之能胜”的万派涛声。一部亚运史，就是一部亚洲国家和地区不断发展、创新、繁荣的奋斗史。亚运火炬熊熊燃烧，钱江潮涌滚滚向前。中国政府和中国人民用一届“中国特色、亚洲风采、精彩纷呈”的体育盛会，为推动奥林匹克运动发展、增进亚洲人民的团结和友谊作出了新的贡献。

运用杭州亚运会、亚残运会等窗口加强文化交流传播，不断提升中国文化感染力和中华文明影响力。一场亚运会也是一场文化盛会。33年间，三届亚运会见证了中国体育事业的蓬勃发展，也刻录下中国坚定有力的文化步伐。以体育为载体，让泱泱大国的文化自信与时代内涵，借助亚运故事娓娓道来。

以体育为载体，品文化之韵。1990年，亚运会在北京开幕。9月22日，亚运圣火在主会场熊熊燃起。亚运会是体育盛会，也是一场文化交流的大会。举全国之力办亚运，无数人自发捐款支持北京亚运会建设，全面展示了中国力量和意志。主题曲《亚洲雄风》响遍街头巷尾，成为时代强音。“鲜花曾告诉我，你怎样走过，大地知道你心中的每一个角落”，歌曲《同一首歌》见证了这一盛事。会徽图案中以雄伟的长城组成英文 Asia（亚洲）的缩写，与亚洲奥林匹克理事会会徽中的太阳光芒共同构成“XI”字，表示第 11 届亚运会。吉祥物大熊猫“盼盼”几乎覆盖当时人们日常生活的每一个角落，寓意盼望和平、友谊，盼望迎来优异成绩，甚至不少“90 后”的小名叫盼盼，成为一代人的记忆。体育铺路搭桥，文明交流互鉴。一个个文化符号，勾勒出亚运会“中国办”的独特韵味，让亚运会成为展现中国文化面貌的绝佳平台。

以体育为载体，传文化之美。2010 年，广州亚运在珠江畔扬帆启航。开幕式的第一篇章《大地之水》，让故事从一滴水讲起，这一滴水延伸到珠江、黄河、长江，延伸到底格里斯河，延伸到恒河，形成亚洲各方的汇集，精彩的表演阐释了水在岭南文化中的深刻含义。

孙硕（左前）在杭州奥体中心网球中心场馆网球项目进行赛前设备检查

来自亚洲 45 个国家和地区的运动员代表乘坐花船沿珠江巡游，奏响了第 16 届亚运会“水上开幕式”序曲。会徽以广州五羊雕塑标志和亚洲奥林匹克理事会标志为元素，构成了一个造型酷似火炬的五羊外形轮廓。吉祥物是充满地域文化特点的元素，以“五羊”来诠释“吉祥、和谐、幸福、圆满”的美好祝愿。与此同时，推动亚洲各地文化“引进来”，举办以“音乐·体育·和谐”为主题的音乐会，以跨文化、跨国界的音乐盛事展现了各个国家和地区的传统和文化遗产。中华文明自古就以开放包容闻名于世，在同其他文明的交流互鉴中不断焕发新的生命力，通过亚运会讲好体育故事，展示丰富多彩、生动立体的中国形象。

以体育为载体，发文化之声。2023 年，亚运火炬第三次在中国点燃，来到中国杭州。“中国政府和人民充满信心，将在杭州举办一届精彩纷呈的亚运会。”处处“亚运味”，满城“文明风”，历时 8 年奋斗，杭州亚运会成为历史上规模最大、项目最多、覆盖面最广的一届亚运会。亚运会场馆融合地域特色，“诗画江南”的文化底蕴让人流连忘返。吉祥物蕴含良渚古城遗址、西湖、京杭大运河三大世界文化遗产元素，意在向世界传递一个文化自信的当代中国。本届亚运会点燃象征亚洲大团结的体育之火，唱响“心心相融，@未来”的主题，传递通过体育促进亚洲乃至全世界携手同行、合作共赢的心声，为推动构建人类命运共同体注入深厚持久的文化力量。

家国底蕴凝聚亚运民族情

李鑫雨

李鑫雨个人简介

李鑫雨，体育教育训练学院 2021 级体育教育专业本科生，在杭州第 19 届亚运会和第 4 届亚残运会期间，分别担任绍兴奥体中心场馆五人篮球项目和文汇中学场馆草地掷球项目计时计分与成绩处理志愿者，主要工作是上传比赛信息。

此次亚运会代表团有中国代表团、中国香港代表团、中国澳门代表团、中国台北代表团。虽然代表团名称不同，但在我们全国人民的心中它们是一支队伍——中国队。

我所在的场馆为绍兴市奥体中心体育馆，主要负责篮球项目的计时计分和成绩处理工作。比赛期间，我有幸观看了中国香港队和中国台北队的比赛。当然，也是这几场比赛，给我留下了最深刻且难忘的印象。

在中国香港队和印度队赛前，由主持人带动全场观众一同合唱汪峰的《我爱你中国》，那一刻，我激动不已。赛时，中国香港队一得分，全场观众立刻沸腾起来，热烈欢呼，那一句句“中国队，加油”也使当时身处技术台的我潸然泪下。

到了中国台北队与日本队的比赛时，场馆内响起了那熟悉的歌词：“我和我的祖国，一刻也不能分割。无论我走到哪里，都流出一首赞歌。”没等主持人带头营造氛围，观众就已经一同合唱，那是我们中国人刻在骨子里的一种默契、一种情意。我相信台下的台湾同胞们能感受到这种热情，感受到观众的力量。在比赛过程中，即使比赛落后，观众的热情也丝毫不减。“中国队，加油！”是啊，我们永远是一家人。虽然最终中国台北队不敌日本队，但现场观众的热情如同那熊熊烈火一般，运动员即将退场，场馆内又响起《我们都是一家人》的旋律。我相信，中国台北队的这趟亚运之旅一定给他们留下了深刻印象，也使他们感受到了大陆人民的热情和包容。

李鑫雨在文汇中学场馆草地掷球项目上传比赛信息

赛后，我随团队参加了对中国台北队运动员的采访，当他们被问到“对此次亚运会有何感受”时，他们说道：“无论是亚运会的开幕式，还是比赛时的气氛，都让我们终生难忘。尤其是在我们进球得分之后，观众们热情加油。在这里我们就是主角，这里就是我们的主场，我们要拼尽全力，去赢得每一分。无论比赛结果如何，我们都很享受。”是啊，此次亚运会不仅是体育人之间的交流，更是手足情的互相传递。虽然这场比赛输了，但是他们赢得了观众的认可。

民族情是什么呢？是来自四面八方、素不相识的默契；是那一句句“中国队，加油”；是激动得热泪盈眶、潸然泪下；是中华儿女刻在骨子里的情感。

我想，此次亚运会的经历，就是民族情，一种朴素而又意义深远、有强大凝聚力的感情。

被称为“字幕老师”的这一周

卢筱宇

卢筱宇个人简介

卢筱宇，体育教育训练学院2020级运动训练专业本科生，在杭州第19届亚运会期间，担任绍兴棒垒球运动中心场馆垒球项目计时计分与成绩处理志愿者，主要工作是负责电视字幕的信息编撰与播放。

这是一段专属于亚运会的时光。我作为一名即将毕业的首都体育学院学子，在自己本科最后一年的时光中，有幸参与到了这场举国盛事当中来。我在此次亚运会志愿服务中，作为一名计时计分与成绩系统工程师服务于浙江绍兴棒垒球体育文化中心运行团队，在那台转播车上，我度过了一段难忘却又无可复制的时光。

我是一名运动训练专业的学生，在来到首都体育学院之前，曾有过7年的运动经历。我只记得我褪去了运动服和球鞋，拿起了纸、笔、器材或技术设备，逐渐站在了赛场或会场两边，胸前的身份牌也从运动员变成了工作人员。

志愿者工作与其说是一段非比寻常的经历，不如说是一次友善、关爱与责任的绝美升华。除此之外，更是知识的源泉与宝贵的机遇。《墨子》中说：“知，传受之，闻也；方不障，说也；身观焉，亲也。”知识获取的途径，不止读书这一条路。

我深知扎实的知识基础和过硬的实践能力是时代对我们的引导，更是我们有朝一日为建设祖国贡献自己力量必不可少的坚实基础。自从进入首都体育学院的校园，我就一直积极响应校团委的号召，尽可能地抓住每一次机会，报名参与校内外各项活动志愿者组织的筛选与招募。本科期间我有幸参与了许多大型赛事的服务工作，也有幸得到了许多拓宽思维、学习各项技能的宝贵机会。

这次杭州亚运会的志愿经历不同于我以往的服务经历，而是涉足了一个全新的领域。用常人不大会接触到的视角，参与到一场体育赛事中。此次志愿服务，我的工作主要是负责电视字幕的信息编撰播放，跟随负责垒球项目转播的广州电视台的各位老师一起，完成了一场又一场赛事的转播。

9月的绍兴，温度并不低。小组赛的时候，大家往往从早上7点钟就开始忙忙碌碌，一直到晚上10点多，一天竞赛日程的工作才告一段落。一天4场比赛，十几位摄影师就这样站在炎炎烈日下，转播车内工作人员更是精神高度集中，相互配合着完成一场又一场赛事转播。每个机位主要负责的拍摄人员相互分工，每位技术人员所承担的工种也各不相同。这样，才能把精彩绝伦的赛事中的每一个细节都编织在密不透风的网上，最后作为一件精美的视觉艺术品，呈现给电视机前的万千观众。

观众所看到的每一个直播画面，每个镜头的选取与切换方式都是由人工手动操作的。转播车上的呼应声此起彼伏。“4号机稳住；5号机收下光圈；11号机给到投手，从脚开始慢慢往上摇；8号机再给个全场局势；7号机注意垒包上的跑者，她想偷跑；6号机注意一下裁判员的判罚手势；哪个机位可以拍到看台上的标语，给个特写；8号机稳住，跟着教练员走，有场外指导；2号机跟着换下去的队员回到替补席……”

一个个镜头就是这样，在确保高质量信息传递的同时，又以最具审美意义的形式被记录与展示。全场局势、投接手的过程、击打队员的角度、垒包上的跑垒者，抑或是观众席上飘扬的加油标语或国旗。

“4号机位稳住拍标识，场馆信息字幕上；倒计时十秒钟，切换到8号机位，小组积分字幕出；字幕老师调一下主队外野手的击球数据，核对无误，10 号机位给一下左外野手的镜头特写，稳住，球员个人数据上稳住，给到中国队喊加油的观众，挂着国旗的左上方区域那边……”

信息的准确高效性和捕捉视觉艺术价值交织在一起，将一场体育赛事以具有更高观赏性的方式，通过电视信号转换为视频的格式转播出去。我作为电视字幕的操作员，需要配合转播镜头的切换和场上情况的变动，与转播车上的各位老师密切合作，在最恰当的时间，在按照竞赛流程要求的同时，根据场上情况实时调整，将赛事信息通过文字以更直观的方式呈现给电视机前的每一位观众。

赛事结束那晚，我看着人群逐渐散去的赛场，突然觉得自己的青春好像也快要落幕了。或许是因为自己已经是一名毕业班的学生，所以看到什么都容易伤春悲秋。静下心来回头看，我在回忆里细数着在这片场地上曾沸腾过的那段时光。

回头看看才发现自己原来已经大四了，真是个进退两难的年纪，说是小孩子好像大了点，若想当个大人，却远远没有足以步入社会的成熟。如果一定要给这个年纪找些价值出来，我想那或许是绽放吧，放得飞扬跋扈，开得任性洒脱。

卢筱宇在绍兴棒垒球运动中心场馆垒球项目进行电视字幕转播

现在每每提起冰立方，我都难掩内心的豪迈与温情。除此之外还有 2021 年轮椅冰壶世界锦标赛、2023 年中国国际服务贸易交易会、2022 与 2023 北京贝壳马拉松赛等市、区、校级志愿者服务工作，它们都像是花季中最美的蝶羽，在我最绚丽的青春年华里，留下了火焰燃烧般的美好记忆。

如果生命和相遇终将凋谢，那记忆便是亘古的永恒。很荣幸我的青春在北京北三环西路的土地上绽放过，这将是我终生的宝藏。待多年后的深秋，我蹒跚着，或许还会记得有一位首都体育学院学子，在 9 月的绍兴媒体车上，作为字幕工作人员，生涩却又严谨地操作着电视字幕及其内容的修改与播放流程……

两江忆，最忆是江南

万金茂

万金茂个人简介

万金茂，体育教育训练学院2021级运动训练专业本科生，在杭州第19届亚运会和第4届亚残运会期间，分别担任杭州师范大学场馆和临平体育中心排球项目计时计分与成绩处理志愿者，主要工作是进行比赛中的计时计分与赛后的成绩处理。

两江追忆，最难忘是江南风光。在浣花溪畔，花卉盛开，青春洋溢；东方之风，钱塘江潮涌动，亚运会的歌声激荡。人生轨迹，攀升向前，亚残运会的坚忍与不屈精神熠熠生辉。长江之忆，钱塘江之忆，最为难忘的是江南。

两江记忆，铭记成都梦想之旅。还记得是 2023 年 4 月初，得知学校在招募成都大运会的志愿者，“成都”“大运”皆是令我心动的字眼，因为我本就是四川人，能在家乡发一份自己的光、散一份自己的热，是属于自己的记忆。通过不懈努力，我成功入选了，也许是冥冥天意，也许是命运转动，我恰好被分到了排球项目，而我自己就是一名有着 10 年排球经历的排球运动员，也许在那一刻，属于成都、属于大运会的记忆，就深深刻在了我的脑海中。2023 年 7 月 29 日，排球比赛开赛的那一晚，我的记忆被画上了浓墨重彩的一笔。我在进行开赛前忙碌的准备工作时，不经意回头一瞥，看见我的排球启蒙教练作为本次大运会的排球裁判员坐在裁判员席上，一瞬间，诧异、惊喜、感动充满胸腔，我激动地上前打招呼，急切地诉说着我的惊喜，也许教练看出了我想跟他叙旧，但又忙于开赛工作，便暖心安慰我道：“赛后咱慢慢聊。”他还是一如既往让我感到踏实又温暖的教练，当年被他招进队伍的 12 岁小孩子，现在也成长为可以勇敢前行，甚至与他在同一个战场一起努力的大孩子了。成都成就梦想，大运精彩人生，这一刻我明白了成都大运会的意义，众多青春洋溢的大学生们绽放属于他们的精彩，而我有幸成为其中一员。

两江记忆，传承亚运情缘。在中国举办的这一届亚运会，留下了太多令人感动的时刻。如果要说什么是中国红，那就要说亚运碰上中秋、国庆双节，每一名来观赛的观众手里高高举起的中国国旗，那一刻，中国红飘动全场。如果要说什么是中国人，那就要说许多没有买到票的观众，淋着雨冒着风，也要站在场馆外面，看着无声的比赛转播大屏，只为离中国女排更近一步，为中国加油，他们说：“中国人就要永远向着中国人。”如果要说什么是中国文化，那就要说我们对待每一位外国友人，无论是技术官员还是观众，都秉持着“有朋自远方来，不亦乐乎”的中国礼仪。如果要说什么是中国女排，那就要说 34 岁的丁霞，顶着一身病痛，比赛结束后只能给各个关节敷满冰袋才能缓解，却依旧为每一次救球拼搏；袁心玥在比分落后的情况下，作为队长和老队员，毅然决然地站出来，带领队伍一分一分争夺，拿到金牌后，眼含泪水奏唱国歌。如果要说什么是我的记忆，这些亮丽的中国底色，都是我心底无法抹去的烙印。

两江记忆，铭记亚残心相约、梦闪耀。亚运会展现的是强健的体魄，而亚残运会体现的则是不屈的灵魂。在亚残运会工作的 14 天，每一天我都有不一样的感受，从最开始的不了解，到初接触的懵懂，再到后来为每一位运动员而骄傲和感动，谢谢这段经历，让我体会到了残缺的肢体、不屈的灵魂。在短短半个月里，有两个眼神让我久久不能忘怀。一个是奏唱国歌时，全场的每一位运动员都站起来了，虽然他们中有一些人下肢残疾，有一些人甚至只能坐轮椅，但是他们手搭手、肩并肩，全队齐心一齐站立。虽然他们摇摇晃晃，但眼神坚毅地注视国旗升起，骄傲自豪地奏唱国歌。另外一个是缅甸队长在比赛结束签完字转身离开后，又回头盯着比赛结果，久久不能平静，眼神复杂，仿佛有着一丝落寞，转而无奈一笑安慰着自己。与正常人相比，这些残疾运动员的训练更苦更累，身体和心理压力更大，但是他们却能十年如一日坚持训练，勇毅参赛，走到了赛场上．这一刻我想说，在场的每一位运动员，都是胜利者，他们战胜了自己，战胜了命运。

生而有力量，拼尽全力，为理想夜以继日，为热爱注入灵魂，不畏艰难，勇往直前，今朝我辈，浪潮新启。两江记忆，铭记成都梦想之旅；亚运情缘，传承民族精神；亚残运会，激励我们无畏前行。让我们携手共进，为美好的未来努力拼搏，让青春在梦想的舞台上熠熠生辉。

万金茂（左二）在杭州师范大学场馆排球项目赛前检查设备后合影

以亚运会标记青春：亚运无国界，来者皆是客

闻玉涛

闻玉涛个人简介

闻玉涛，体育教育训练学院2021级体育教育专业本科生，在杭州第19届亚运会期间，担任杭州奥体中心网球中心场馆网球项目计时计分与成绩处理志愿者，主要工作是大屏控制。

亚运会，是一个充满激情和活力的青春盛会。它的举办，带给世人一个全新的赛事，也让广大运动员在其中展现自我、释放激情。亚运会标记着青春，它是一段青春的诗歌，一幅彩色的肖像，它向我们展示的不仅是体育精神的力量，更是再次唤醒了整个亚洲大陆的青春活力。

在杭州第19届亚运会中，我担任计时计分与成绩处理助理工程师。在工作分配中，我主要负责大屏播出工作。因为工作需要，我和其他工作人员不在一个办公室，也正因如此，我可以观看到全场比赛，不得不说，现场的比赛氛围是我从来没有体验过的。在全要素演练时，我需要和体育展示部门联调，在此过程中，我也感受到了来自五湖四海的工作人员为了亚运会所付出的心血和努力。在我工作期间，因为网球项目的特殊性，不像其他项目有休息的时间，所以我们工作人员需要轮流吃饭，即使这样，大家仍然一如既往，认真负责。在这次工作中，看着来自不同国家的运动员、工作人员、裁判员……每个人都有自己的责任与任务，他们秉持着永不言弃、坚持不懈、认真负责的态度，让我不禁动容。

闻玉涛在杭州奥体中心网球中心场馆网球项目进行大屏控制

亚运会以其浓厚的青春氛围，吸引了来自五湖四海的人们。无论是运动员还是观众，他们都是青春的代言人。各国运动员在这个赛场上斗志昂扬，为了梦想而奋斗，为了荣誉而冲刺。他们的坚持和努力，成为社会的榜样，也成为后辈学习的楷模。他们的青春在赛场上熠熠生辉，他们是年轻力量的象征。而观众们，同样是青春的见证者，他们热情高涨，用欢呼和掌声鼓舞着运动员们。

亚运会正是这样一个平台，它不仅是一场赛事的盛宴，更是一段无尽的青春篇章。它让青春的火焰再次燃烧起来，让希望的光芒继续闪耀。它记录了青年拼搏的身影，见证了青春活力的蔓延，表达了青春的力量。

作为东道主，工作人员肩负重要的责任，参与组织、策划和实施各项活动，为这场体育盛会的顺利进行默默奉献着，战斗在一线，让世界目光聚焦在亚洲。工作人员的青春，在亚洲这一方土地上延展，让整个世界看到了亚洲青年的风采。

亚运会标记的是一个青春的征程，是力量的传递和激情的释放。它不仅仅是运动的盛会，更是一种精神的象征。亚运会为我们提供了一个互相学习、交流、竞争的平台。它为青春注入了新的激情和活力，同时也让我们认识到，只有通过不断地努力和拼搏，才能在世界舞台上闪耀青春的光芒。

让“亚运薪火”与“青春星火”同频闪耀

滕佳邑

滕佳邑个人简介

滕佳邑，体育教育训练学院2021级体育教育专业本科生，在杭州第19届亚运会期间，担任黄龙体育中心游跳场馆水球项目计时计分与成绩处理志愿者，主要工作是上传比赛数据、核对信息。

杭州亚运会作为亚洲最大的综合性运动盛会，是中国体育史上的一次重要里程碑。作为一名曾有幸参与了成都大运会的工作人员，我参与了这场亚运盛会的筹备和组织服务等工作。在这段时间里，我不仅积累了许多宝贵的赛事组织的经验，同时还收获了许多对于体育赛事项目的心得感悟和种种感动。

出发去成都参加大运会测试赛之前，我们在学校进行了长达一个月的培训，其中包括系统操作培训、理论培训，还有许多工作任务的明细，在这期间，我对服务大型赛事有了初步的了解，同时也感叹于举办一场赛事背后人力、物力的投入，以及现代信息技术的支持与应用。

8月16日至8月29日、9月17日至10月8日，我两次往返杭州，服务于亚运会。我担任的是水球项目助理工程师，我的工作职责非常重要，任务繁重，需要负责赛事的计时计分、成绩系统的处理等。其间我有幸进入场地，看赛场上运动健儿们的比赛。比赛前全场齐唱国歌、灯光闪烁、场馆内观众为中国队加油的呐喊声，让我不禁红了眼眶，在这一刻，一声声"中国队，加油"，震撼着国内外无数国人的心。

亚运会同样是一个难得的学习机会，与大运会不同的是，亚运会的测试赛并没有运动员，而是全要素模拟演练，使我们对于比赛的整体有了一个大致的了解，同时这也要求我们自行去观看以往的比赛视频，了解项目的竞赛规则和裁判法则。在正式比赛之前，我们先进行了为期5天的杭州亚运会赛程信息网站（INFO）系统学习和操作，该系统是上传比赛

滕佳邑（一排左二）在黄龙体育中心游跳场馆水球项目上传比赛数据

数据、核对入场运动员信息、最终公布形成成绩单的对外系统，其重要性不言而喻。在正式比赛中，我们要通过既定系统，根据留在场上的运动员来选取系统中的运动员生成初始运动员名单，水球比赛一场有4小节，累计进球数量多的队伍获胜，在每节开始前都要确定上场运动员，以及核对INFO页面与公共显示页面是否一致。在一场比赛的最后还要手动修改比赛状态。不仅如此，在比赛过程中还要时时关注裁判员在技术上的需求，做到及时、高效地解决比赛中出现的问题。

通过这次经历，我深刻地体会到了团队合作的重要性，学会了如何与人沟通合作、如何快速解决问题和以稳定的情绪应对挑战。给我印象最深的一场比赛是中国队对中国香港队，观众席上座无虚席，观众们的呐喊声经久不息，那一刻不分输赢，每位运动员都感受到了来自观众席的竭力喝彩，这是一场勇士与勇士之间的对抗，使我激动万分。由此，我也更加深刻地认识到了体育的力量和魅力，它可以凝聚人心，激发激情，让人们团结在一起，共同追求更高、更快、更强的目标。

两次往返成都和杭州的经历，让我的大学生活和人生阅历变得更加丰富多彩，感谢学校的培养、老师的支持，感谢大运会、亚运会，让我可以参与其中，荣幸之至！

共同的目标

赵紫叶

赵紫叶个人简介

赵紫叶，体育教育训练学院2021级体育教育专业本科生，在杭州第19届亚运会期间，担任浙江师范大学东体育馆足球项目计时计分与成绩处理志愿者，主要工作是控制屏幕。

2023年9月，杭州迎来了亚运会，我作为亚运会的一名志愿者，有幸参与了这一盛事的筹备和组织工作。在这个历史性的时刻，我感到无比自豪和兴奋。

杭州亚运会的筹备工作庞大而复杂。从场馆建设，到赛事安排，再到志愿者培训，等等，每一个环节都需要精心安排和协调。我首次到达金华赛区是8月，进行了长达半个月的学习，包括如何操控、上传信息、应急预案等。每天早上我们到达场馆后，开始分配当天的任务，从大事到小事，搬设备、调试设备、与其他场馆互换pin（徽章）……

为确保每一个细节都安排妥当，场馆进行了多次演练和测试。无论是场馆设备的检查，还是赛事流程的调整，我们都力求做到尽善尽美。在开赛前一天，为了保证参赛者的信息正确，我们凌晨奔赴参赛队酒店进行信息确认，带着困意继续工作。在这个过程中，我学会了严谨和细致，学会了在高压环境下保持冷静和应对突发情况。这对我的个人成长和职业发展有着极大的帮助。

在比赛当天，我们人手一部对讲机，听着号令便开始了工作。每个人以高度紧绷的状态迎接比赛，我们的眼睛除了盯设备就是盯赛场，耳朵还要听着对讲机，这就是所谓的“眼观六路，耳听八方”吧，我们只有一个共同目标——顺利无误地完成任务。这个过程中，我深刻体会到了团队合作的重要性，只有大家齐心协力，才能顺利完成各项任务。在与同事们的合作中，我学会了倾听和沟通，学会了相互支持与理解。我很感谢我的老师，每当我在电脑操作方面遇到问题，他都会慢慢教导，并且积极帮助我找出问题、解决问题。

作为志愿者，我们是亚运会的形象大使，我们的任务不仅是为参赛队伍处理好成绩问题，更是要传递友谊与和平的理念。在与各国运动员和观众的交流中，我感受到了世界的多样性和文化的交融。这让我观察世界有了更广阔的视野，让我更加珍惜和平。同时，志愿者工作也是一个锻炼自己能力和提升自信心的机会。通过与不同人群的交流和合作，我逐渐成长，更加自信和独立。

杭州亚运会的成功举办离不开全体工作人员的辛勤付出和无私奉献。无论是在炎炎夏日

赵紫叶在浙江师范大学东体育馆足球项目控制屏幕显示

的场地搭建中，还是在漫长的赛事执勤中，每一位工作人员都付出了大量的努力和汗水。他们默默无闻，日复一日做着重复的工作，为亚运会的顺利进行作出了巨大贡献。在与他们共事的过程中，我深深地感受到了团结和奋斗的力量。这让我明白，只有付出才有收获，只有团结才能取得成功。

通过此次亚运会志愿服务之旅，我不仅学到了专业知识和技能，还培养了良好的工作态度和价值观。我相信，这次宝贵的经历将为我的人生之路带来更多的机遇和挑战。感谢亚运会给我带来的一切，我将坚持不懈地努力学习，为中国的体育事业和国际交流作出更多的贡献。

金华赛区，我将永远铭记！杭州亚运会，我会永远怀念！

让亚运之火燃烧在每个人心间

傅有为

傅有为个人简介

傅有为，体育教育训练学院2021级体育教育专业本科生，在杭州第19届亚运会期间，担任金华体育中心场馆藤球项目计时计分与成绩处理志愿者，主要工作是赛时计时和记录比分。

2023年10月8日晚，第19届亚运会在杭州圆满闭幕。各国参赛代表团在激烈的比赛中展现了出色的实力与精神风貌。中国体育代表团在本届亚运会上收获了201枚金牌、111枚银牌、71枚铜牌，连续11届排名亚运会金牌榜第一位、奖牌榜第一位。这些成果的取得，离不开运动员的辛勤付出和教练团队的精心指导。同时，亚运会作为一项国际赛事，也为提升中国体育的国际影响力、推动体育事业的发展起到了积极作用。

对于能成为一名亚运会志愿者，我一直觉得很荣幸，虽然烦琐的资料收集和信息录入工作让我抓狂，但我对这份工作的热情依旧不减。

作为这场亚洲体育盛会的志愿者，我深深认识到自己目前的综合素质水平还远远达不到标准，所以当学院的亚运会志愿者工作小组组织安排培训课程时，我由衷地感到兴奋。虽然专业学习任务较为繁重，但我依旧乐意抽出时间参加亚运会的知识培训。在培训的过程中，我常常有一种醍醐灌顶的感觉，审视自己过往的言行，其中不少是不符合礼仪的，只是自己都不曾察觉或是未加以重视。虽然我对这些知识也有或多或少的了解，但都比较零散。我想如果没有这些课程知识的培训，恐怕在服务的过程中会闹出不少的笑话。

我认为，作为志愿者，空有一腔热情是不够的，还需要有相关的服务技能。志愿者不仅能够向外宾提供优质服务，还能够向外宾展示中国青年志愿者、特别是大学生志愿者的风采。

傅有为在金华体育中心场馆藤球项目进行赛前设备检查

在此次亚运会中，我负责的是藤球项目的计时计分工作。藤球是一个独特的、古老的体育项目，场上运动员会运用自己除手以外的任一部位尽力地去接住每一个球。运动员每一次倒挂金钩都会用尽全身力气，在大家看来这是一个非常炫酷的动作，但在每个动作的背后，都是运动员们日复一日、年复一年的训练和积累，才能呈现出每个精彩的瞬间。

在这一次亚运之旅中，我提高了社交技能。在比赛休息之余，我有幸与不同国家的裁判员、教练员和运动员们进行交流，我从一开始的胆怯和害怕，逐渐转变成了高兴与热情。让我印象最深的是一位来自马来西亚的老爷爷，他是记录台上的一员，每天早、中、晚，这位老爷爷路过我们工作的地方都会跟我们热情地打招呼。平常我也会与这位老爷爷对接运动员信息，每一次对接完成后，他都会毫不吝啬地夸奖我，给我竖大拇指，就算我出现错误，他也不会责怪我，而是耐心地给我讲解。

亚运会志愿服务是一项平凡而高尚的工作，志愿者确保了亚运会的成功举办，亚运会不可能记下我们每个人的姓名，但我们共同拥有一个崇高的名字——亚运会志愿者。

以亚运标记青春

管文嘉

管文嘉个人简介

管文嘉，体育教育训练学院2021级运动训练专业本科生，在杭州第19届亚运会期间，担任桐庐马术中心场馆马术项目计时计分与成绩处理志愿者，主要工作是上传、核对运动员成绩并打印报表。

杭州亚运会是一场运动与梦想的盛宴。对于我个人而言，杭州亚运会使我收获颇丰，是我青春记忆里浓墨重彩的一笔。

在经过学校的层层选拔和精心培训后，我很幸运也很荣幸地成为亚运会马术项目的成绩系统工程师。我怀着憧憬和期待，踏上我的亚运之旅。

在到达桐庐参加第一次集体会议时，我们的主管领导向我们传达了此次任务的严峻性，以及我们需要注意的相关事宜。由于比赛的特殊性，我们需要早起集合前往场馆内进行赛前准备。亚运会是一场国际赛事，通过这场赛事可向世人展现中国青年人的风采，因此，我怀着热情和使命感在桐庐马术中心开启了为期20天的志愿服务工作。

我的工作任务是记录比赛运动员的成绩并在准确无误地将成绩输入电脑后进行报表打印，这项工作很考验我的注意力和谨慎度，我们在比赛前进行了无数次演练，我需要和每场比赛进行联系，模拟比赛中可能出现的一切突发状况，以备当状况发生时能够顺利推进比赛。日复一日，就这样，在每天将近八小时的工作里，我终于找到了工作节奏。

管文嘉在桐庐马术中心场馆马术项目进行报表打印

时光飞逝，很快到了比赛当天，每个人既紧张又兴奋。我们凌晨三点出发去往场地，到达场地后，有序地进行准备工作，赛事也有序地进行着，然而意外总会发生。我们的程序共有A、B两个系统，是为了避免当A系统在比赛中出现特殊状况时，B系统能正常运行。天不遂人愿，在舞步比赛的过程中，A系统由于高强度运作，死机了六七分钟。虽然这六七分钟在我们平常的生活里可能转瞬即逝，但那天我觉得异常漫长。由于场地内有比赛，系统又没有办法正常运行，所以每个人都很紧张但又保持镇定。在B系统开启间隙，我们快速手动记录，以保证后续比赛顺利进行，运动员们的成绩也能顺利输入。一系列操作之后，A系统恢复了正常，大家都松了一口气，但当时来不及庆祝，又赶紧把注意力放回到比赛现场。比赛结束后，办公室里沸沸扬扬，大家都在讲述刚才比赛的“刺激”及“观后感”。经历虽然刺激，但这种感觉反而更让人无法忘怀。

令我印象最深刻的比赛是三项赛。在马术赛场上一切以马的安全为主，在验马环节，中国队有一匹马出了问题，这代表着这次比赛中国队只有三个人。我目不转睛地盯着场地内的赛马和运动员，不敢发出丝毫声音，生怕扰乱了他们的节奏，但好在他们发挥优异。华天作为中国队最后一名出场的选手，顶住压力，一骑绝尘。中国队创造了历史，拿了双冠，冠军是属于中国的！这是中国马术夺得的亚运会首冠！他们眼含泪水站上领奖台，那一刻他们不再是为自己而战，而是将那抹红色带到了全世界。当五星红旗冉冉升起，当中国国歌响彻云霄，当他们胜利骑行，那一刻我被现场的氛围深深感动。中国红永远闪耀，我为自己身为中国人感到骄傲。追光的人，终会光芒万丈。

为热爱，注入力量；为理想，夜以继日。不畏坎坷，驰骋而上，亚运会标记的是青春的征程、是力量的传递、是激情的拥抱。亚运会不仅是运动的盛会，更是精神的象征，它在我的青春里注入了新的激情和活力，它会深深地刻在我的记忆里，永远热烈，更让我明白，只有不断地拼搏和努力，才能在世界舞台上闪耀光芒！亚运之花永不灭，中国力量永前行！

从迷茫到成长

林　星

林星个人简介

林星，体育教育训练学院2021级体育教育专业本科生，在杭州第19届亚运会期间，担任淳安界首体育中心场地自行车馆场地自行车项目计时计分与成绩处理志愿者，主要工作是控制大屏。

2023年6月，经过层层选拔与筛选，我有幸成为亚运会助理工程师，当时的我从未接触过这个岗位，对这个岗位的任务也一无所知，带着无尽的兴奋与激动，我踏上了前往杭州的高铁。

到达目的地之前，我们的一切任务都在微信群中传达。当时我还不知道那些英文简写代表着什么，只能四处询问。到达工作岗位后，我领取了自己的专用电脑，第一次感受到了肩上担子的重量，这时我才意识到亚运会离我如此之近。最开始的几天，我们都在学习软件的操作与使用。对于这些软件的使用我一窍不通，我第一次感觉到了任务的艰巨，但我并没有放弃，我觉得只有这样从零开始，才能磨炼意志，掌握新的工作技能。经过两天的高强度学习后，我终于掌握了成绩处理软件的使用方法，开始和其他同事一起进行成绩处理软件和统计软件的串联操作。

刚开始测试时可谓漏洞百出，一会儿报表上传错了，一会儿消息又忘记上传，我第一次感受到，亚运会真是一次一丝不苟、十分严谨的体育盛会。每一个环节都要求百分之百正确，我们也只有在测试的时候严格要求自己，才能保证在正式比赛时不出差错。每天的测试使我“胆战心惊”。由于不熟练，我总怕自己发出的东西有错误。每天超过十小时的工作时间与高度集中的精神，让我感到十分疲惫，但我还是咬牙坚持了下来，因为我代表首都体育学院，我的一举一动都代表着学校的精神风貌，所以我更要以高标准要求自己，才能不愧对这一次难得的机会。就这样战战兢兢地完成了第一次测试，我也学会了很多东西，跨领域的工作也使我体会到了技术人员的不容易，我暗暗下定决心要做好这项工作。

8月中下旬，我又一次来到杭州。但这次和第一次不一样，我来到了正式比赛工作的地方，来到了美丽的千岛湖。一下高铁，那湖光山色便使我体会到了为什么指导老师告诉我们这个赛区是最美的赛区，果然名不虚传。来到自行车场馆后，无论是向内凹陷的自行车赛道还是其他的一切，都让我这个从未接触过这项运动的人感到十分好奇。在项目经理的带领下，我们进行了第二次数据测试与演练，也认识了许多新同事，大家来自五湖四海，但都为了亚运会而会聚于此。大家在一起的那种认真的工作态度和一丝不苟的工作氛围深深打动了我，我很快融入这个大家庭中。大家一起积极工作、锐意进取，我想这是我做志愿工作最宝贵的一笔财富。

9月中旬，我再次来到了熟悉的千岛湖，准备参加亚运会正赛。在正赛中，我主要负责大屏控制工作。一遍遍核对秩序单与大屏播放顺序，一次次询问大屏显示情况如何，神经始终紧绷，但这种高度紧张的感觉让我体会到了一场大型体育赛事组织工作的不易。我想，在我日后的学习生活和工作中也应该如此，要高度紧张，一丝不苟地完成各项任务，展现出新时代青年的精神风貌，只有这样才能不愧对学校对我们的栽培。我们要以昂扬的精神风貌，勇敢面对即将到来的艰难困苦，不畏强敌，勇攀高峰，在新时代洪流中站稳脚跟，不被新时代的浪潮冲散而迷失方向。

这次亚运会我收获颇丰，我想，那些为了亚运会奋斗在一线的工作人员，他们身上闪闪发光的拼搏精神才是我们真正要学习的，才是我们应该发扬的精神。他们可能是场馆的建设者、组织者、志愿者，或是运动员、教练员、裁判员，都在为了同一个目标而努力拼搏。在亚运会的筹备和举办过程中，面临着各种各样的困难和挑战，但他们从未放弃，始终保持着高昂的斗志和饱满的热情，用自己的行动诠释着什么是拼搏精神、什么是团结协作、什么是坚持不懈。作为新时代的大学生，我们应该向他们学习，学习他们的拼搏精神，学习他们的团结协作，学习他们的坚持不懈。我们要把这种精神带到学习和生活中，激励自己，不断提高自己的综合素质。

我们要努力学习科学文化知识，不断提高自己的专业技能，为将来的工作和生活打下坚实的基础。我们要积极参加各种社会实践活动，锻炼自己的综合能力，提高自己的社会责任感。我们要发扬团结协作的精神，在学习和生活中与同学们相互帮助、相互支持，共同进步。我们还要坚持不懈地追求自己的梦想，不怕困难和挫折，勇往直前，不断超越自己。总之，这次亚运会让我深刻地认识到了拼搏精神的重要性。我们要以那些为了亚运会奋斗在一线的工作人员为榜样，不断学习和发扬这种精神，努力做好新时代的大学生，做新时代的中流砥柱！

林星（右一）在淳安界首体育中心场地自行车馆与场地自行车项目计时记分团队合影

桂花香韵，亚运梦圆

刘十月

刘十月个人简介

刘十月，体育教育训练学院2021级体育教育专业本科生，在杭州第19届亚运会期间，担任西湖国际高尔夫场馆高尔夫项目计时计分与成绩处理志愿者，主要工作是进行成绩计时计分处理、志愿者疏导及球场培训。

夏蝉最后一声鸣叫，划碎了闷热，从此天高云淡，桂花飘香。2023 年 9 月 23 日，第 19 届亚运会在杭州正式拉开帷幕。我们相信，这场亚洲的体育盛事和人文盛会将进一步加深亚洲文明的对话与交流。

作为第 19 届亚运会高尔夫项目的成绩处理志愿者，我倍感骄傲与荣幸，可以身临同一座城市、同一个赛场，与亚洲各国优秀运动员一同迎接这场盛大的体育盛会，为赛事的顺利进行贡献自己的一份力量。

初到杭州，我还在适应当地的气候与环境。陌生的环境总会让我感到一丝不安，我时刻留意四周，生怕错过一处美景。“上有天堂，下有苏杭”。杭州西湖的美景在我脑海中浮现了很久，也是我此行最渴望一睹的风景。尽管在正式比赛开始之前有时间欣赏美景，但认真做好每天的工作也是至关重要的。我在项目负责人的带领下学习高尔夫成绩系统的搭建，确保系统能够在赛时顺利运行。通过学习高尔夫项目比赛规则，我逐步掌握了高尔夫项目比赛的基本方法，以确保在志愿者提出疑问时能够进行有效的沟通和解决。

刘十月在西湖国际高尔夫场馆高尔夫项目进行成绩处理

同时，我们的团队合作紧密，共同克服了许多困难。作为成绩处理工程师，通过暑期演练，我更加熟悉了系统的搭建和工作流程。在正赛开始前的准备工作中，我顺利地将学到的知识和流程完成输出，与同伴默契配合，完成系统的搭建与运作。在处理成绩计分时，每一位工作人员都发挥了自己的专业能力，确保比赛结果准确和及时。我们带领“小青荷”们在高尔夫场地讲解高尔夫比赛的规则、工作细节和流程，比如如何操作手机上传分数、跟随球员及球童正确地走位及站位等。虽然中间会有一些小的失误，但我们都会耐心解决，化险为夷。随着“小青荷”志愿者的到来，我们如虎添翼，每天虽然走的路很远，但我十分希望将自己所学到的知识教授给志愿者。

正式比赛开始前的那几个夜晚，我总喜欢仰望苍穹，几颗星星点缀着宁静的夜空，偶尔有几架飞机穿越云层，划破寂静的夜幕。夜晚的高尔夫球场不再充斥着白天的嘈杂声，静静地等待着比赛的到来。路灯温暖而微弱的光投射在球场上，勾勒出一幅宁谧的画面，我在这里暗下决心，要将自己所有的能量都毫无保留地奉献给运动员。

第一个比赛日，我在一号开球台帮助“小青荷”们检查设备时，一位外国观众来问我比赛开球时间，我指了指手上的开球时间表，他在表格上迅速找到了萨利姆（Salem），他的儿子，来自沙特阿拉伯。这是萨利姆第一次站上亚洲比赛的舞台，今天是他在赛场上第一次开球。我们聊了很久，他的儿子成绩十分优异，通过不懈努力，最终获得机会登上更高的比赛舞台，展现他顽强拼搏、持之以恒的精神。但由于大赛经验少，萨利姆有些许紧张和焦虑。

我询问他看到自己孩子出现这种情况，如何帮助他缓解情绪，他笑着说道："我很希望萨利姆紧张一点，这会激发他的注意力、集中力和反应速度，还有助于提高比赛成绩，并且萨利姆有冥想和正面思考的习惯，他懂得如何调节情绪。"这些话语仿佛点亮了我内心的共鸣之灯，让我的思维在其中找到了契合点，是心灵的交流和共振。在我们说话时萨利姆也来到了开球台，准备开始他的大赛之旅。我与萨利姆的父亲碰拳后看着他离去的身影，心头涌上一阵失落感，但在失落的深处，也有对他的祝福和感激。萨利姆的父亲在开球前鼓励他，放松、深呼吸、不要忘记动作。开球时萨利姆还是紧张了，父亲调侃了一句："Such a good ball why foul？"（这么好的球为什么犯规？）父子俩相视一笑，共同前往下一个球洞。

秋凉桂雨落，杭州美如诗。桂花轻飘，悄然间，杭城寒意渐浓。在这桂花香气的包围中，亚运会画上了完美的句点。选手们用娴熟的技术和无畏的勇气，在高尔夫球场上奋勇拼搏。他们的每一次挥杆、每一个精湛的操作，都是一曲激昂的旋律，为观众们演绎了一场场震撼心灵的比赛。在这片球场绿意盎然的背景下，运动员们用尽全力，展现了顶尖水平的球技，为这场世界级赛事添上了一抹绚烂的色彩。我们作为亚运会的工作人员，也在这桂花芬芳的氛围中圆满完成了使命。经过精心筹备和周密组织，我们向世界展示了杭州的美，也向全球传递了一份关于亚洲体育精神的邀请。我们的辛勤付出成就了这场盛会，成就了一段美丽的篇章，留下了难以磨灭的回忆。

亚运会，不仅仅是一场比赛，更是一场文化和友谊的盛宴。而在这场盛宴中，杭州如一颗明珠，闪耀着自己的光芒。桂花香韵，亚运梦圆。

以挑战者精神服务亚运

孙健驰

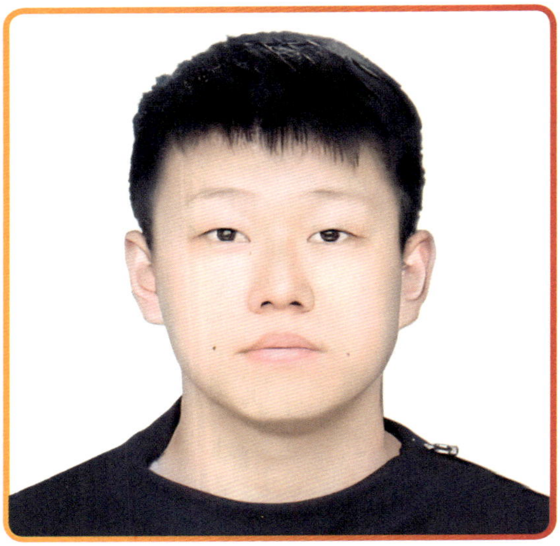

孙健驰个人简介

孙健驰，体育教育训练学院2021级硕士研究生，在杭州第19届亚运会期间，分别担任杭州电竞中心和杭州奥体中心网球中心电子竞技和软式网球项目计时计分与成绩处理志愿者，主要工作是核对、打印比赛报表。

亚运会是疫情防控转段以来中国承办的亚洲最高级别的体育赛事，是向亚洲乃至世界各国展示中国勃勃生机的大舞台。在听到首都体育学院学子可以参加本次亚运会的志愿服务工作时，我便怀揣着对赛事服务的憧憬，在经过多次的选拔、培训后，加入了本次亚运会的志愿服务工作中。

在亚运会我的工作主要是电子竞技和软式网球两个单项的成绩处理工程师。本届亚运会赛事规模宏大、参赛人员数量较多、运动员竞技水平高、比赛竞争激烈、赛程安排紧密，这对于成绩处理服务人员在操作上的要求就更为细致。相比软式网球，电子竞技项目的成绩处理工作给我带来了更大的挑战。我和另外两位同学于9月中旬到达服务场馆，在熟悉基本操作后，因为成绩系统相比前期测试环境下的使用进行了一些调整和变更，所以在操作上需要我们更加精细，并且由于电子竞技项目是首次登上亚运舞台作为正式比赛项目，因此所有人都是第一次从事该项目的实践操作，之前只进行过模拟数据的演练。不仅如此，电竞项目在正式比赛期间被划分成了三个区域，但成绩系统的具体操作人员只有三人，因此大家需要独自在自己的区域进行操作，这对个人抗压能力提出了较高要求。本次亚运会电子竞技项目总共有七个子项目，分别是王者荣耀、和平精英、刀塔2、梦三国、英雄联盟、街霸5和FIFA。七个子项目涉及多人联机在线竞技游戏（MOBA）类、竞速类和射击类三大类电子竞技游戏。三种不同风格的电竞比赛都在9月24日至10月2日完成预定的赛程安排，由于三大类电竞比赛在晋级流程、比赛安排方面都有显著不同，因此我们在实际操作过程中除了需要学习整个成绩系统的宏观操作外，还需要进行不同类型比赛的晋级和首发名单的调整、打印上传报表等操作，以C75报表为例，一个报表就会被分成三种不同版本选择上传和打印。在比赛过程中，由于赛制的要求，我们每天需要提前两小时到场，而且由于项目自身的特殊性，比赛经常进行到晚上，这些导致工作时间、工作量和强度都较大。如和平精英比赛会同时开始两场，需要全程手动调整两场比赛状态，录

孙健驰（右一）在杭州电竞中心电子竞技项目打印比赛报表

入8支队伍4个回合的分、秒、毫秒成绩，比赛结束后，只有20分钟时间核对、打印、分发报表和更改状态，与此同时，还需要调整接下来八支队伍比赛的状态、开始时间等。通常全部比赛会进行到晚上10点之后才结束，比赛结束后，我们还需要根据手写的名单录入第二日比赛的相关人员名单等。

我们首都体育学院电子竞技服务人员始终以校训“以挑战者精神拼搏创新”激励自己，克服重重困难，最终圆满完成了电子竞技项目的成绩处理工作。亚运赛事的服务有诸多艰辛，也有诸多快乐。在电竞比赛过程中，我们与运动员、教练员面对面接触。何猷君坐在我们面前，和我们一起看着现场一门之隔的运动员的精彩操作；李相赫跟我们友好地打招呼；中国电竞代表队梦三国项目的队员在比赛结束后和我们一同关注在主场地的中国队英雄联盟的比赛；等等。我们更加直观地感受到了运动员、教练员的风采。

学校也始终关注着我们，学校领导与老师到杭州看望我们，志愿服务工作全程还有多位老师保驾护航。老师们在中秋节送来月饼，这让我们在辛苦的工作中感受到了来自学校的关心与温暖。

亚运会的志愿服务让我感受到了竞技体育的魅力，体育赛事带来的强烈的民族自豪感、国家自豪感，中国乃至亚洲各国运动员不懈拼搏的意志与表现都让我深感震撼。我深刻体会到了志愿服务的不易与重要性，希望在今后的生活与工作中，自己可以继续发扬志愿精神，回馈社会。

尹子璇

尹子璇个人简介

尹子璇，体育教育训练学院2021级体育教育专业本科生，在杭州第19届亚运会期间，担任浙江师范大学东体育场足球项目计时计分与成绩处理志愿者，主要工作是核对运动员名单并在系统里更新。

“泰国队，4 号，进球。”对讲机中传来比赛消息，我操作鼠标点着电脑屏幕，却发现进球的选项怎么都点不上，旁边工作人员发出催促的声音：“进球的消息录入了吗？”我越发着急，点击的速度也越来越快，“哒哒哒……”的声音越来越大，也越来越嘈杂。突然，我眼前一片漆黑，声音也戛然而止，我环顾四周，发现刚刚只是在做梦。我拿起手机看了眼日期，原来在亚运会当志愿者的日子已经过去许久了。闭上眼，志愿工作从开始到结束的片段像动画片一样在我脑海中闪过……

2023 年 7 月的一个早上，我独自去杭州参加第一次培训，这也是我第一次独自远行，紧张、不安、期待又兴奋的心情到现在都不能忘怀。原以为计时计分只是在赛场旁拿纸、笔、秒表记录，但培训时却让我们使用电脑操作程序，对于电脑“小白”的我来说，感觉脑子要死机了。时间紧、任务重，我们只学习了一天，第二天便去实验室进行测试了。前一天学习的内容刚顺利完成，新的挑战紧随其后——英文。在实验室里，大家说话都会时不时蹦出几句英文，听得我大脑一片空白……还好我最后顺利完成培训。

8 月开始进入场馆测试，布置场馆、比赛测试、网络调试，一个个问题和困难接二连三地跑了出来，面对陌生的领域、全新的环境，我一时乱了阵脚，不知如何解决，一度感到崩溃，觉得自己无法胜任这项工作，我害怕自己出错承担不了后果，甚至想过逃跑回家，但是看到场馆内的工作人员认真工作时流下的汗水，还有老师、朋友们不断的安慰、鼓励，我觉得我有能力、有责任把这件事做好。于是我们共同攻克了一个又一个难题，在这个大家庭里，大家都朝着一个目标共同努力，每个岗位的志愿者都肩负起自己的责任与使命，凝聚力量，振奋人心。

9 月，我提前一周到达场馆，进行比赛前的准备工作，日复一日地重复演练模拟比赛记录，每天发现问题、解决问题、记录问题，迎着朝阳走，赶着落日归。当时还体会不到要举办国际性比赛时的气氛和感觉，直到开赛前一晚，我们为了确认队员名单，在系统里更新信息，加班到凌晨，我不禁想到之前所有的国际赛事，原来比赛的筹备工作这么烦琐且复杂。结束准备工作后关灯锁门的那一刻，我下意识祈祷：明天一切顺利！

第二天太阳升起，正式比赛开始了。看到各国运动员站在操场上热身，而我即将以工作人员的身份观看这场比赛，与坐在看台上的感受大不相同，肩上多了份职责与担当。在等待主裁判员吹哨、宣布比赛开始的时候，我的心“怦怦”跳，有种自己当年比赛准备起跑时听枪声的感觉。在此之前，我对足球比赛并没有什么太大兴趣，但当我坐在场边投入地观看比赛时，我的情绪不由自主地为之触动，当有一方进球时，我忍不住为他们欢呼；当有球员受伤时，我下意识地为他们揪心……场上的每一个队员，都在为自己的国家拼搏奋斗，守门员小小的身躯后，有着强大的国家力量与整个球队的凝聚力。与此同时，还有台下观众给予的支持与肯定，我看到印度尼西亚队的亲友团，在比赛期间时不时整齐高喊：“Indonesia（印度尼西亚）！ Indonesia（印度尼西亚）！ Indonesia（印度尼西亚）！”他们手里挥舞着国旗，随后一同高唱他们的加油歌，那个场面十分震撼。他们远赴国外，为自己国家的队伍加油助威，我眼中的他们，团结、激动、为国高呼。我还亲眼见到了“加油人浪”，犹如一朵朵大海浪在场馆里翻涌，一瞬间，整个场馆沸腾起来。

比赛结束后，我站在路边看到队员乘坐的大巴，我友好地对他们挥手，他们热情地向我回应着，尽管未来不会再相见，但我希望他们在未来比赛中所向披靡、战无不胜。

尽管这次经历已经成为过去式，但这些回忆与当时的感受我会永远铭记。最后一场比赛结束时天还没黑，但月亮已高高挂在空中。在做收尾工作时，天渐渐变黑，月光越来越亮，我们在明月下，跑向足球场地，踏上软软的草坪，疲惫感随之消散，我们欢笑、合影，将一切美好化作永恒。至此，我的亚运之旅落下帷幕。

忆江南，最忆是杭州。盛世中华，魅力杭州，我三次到杭州，每次都在我的青春中留下浓墨重彩的一笔。很荣幸，我能够亲身参与亚运会，与新时代同行，身临其境感受祖国的强大。三个月的经历让我感慨万千，受益匪浅，在今后的人生路上，我将继续发挥自己的作用，怀揣梦想，砥砺前行！

尹子璇（站立拿手机）正在为志愿者讲解系统操作流程

沙滩是炽热的，我们的心也是炽热的

李佳萌

李佳萌个人简介

李佳萌，运动科学与健康学院 2021 级运动康复专业本科生，在杭州第 19 届亚运会期间，担任宁波半边山沙滩排球场馆沙滩排球项目计时计分与成绩处理志愿者，主要工作是核对、打印、上传成绩。

还记得2021年刚进入首都体育学院的那个冬天，看着学长学姐们服务北京冬奥会，真的是感到既羡慕又遗憾，羡慕他们可以拥有一段难忘的经历，遗憾自己与这么好的机会擦肩而过。

也许是生逢其时，一年后新的机会向我迎面走来——杭州第19届亚运会。几千千米的距离也阻挡不了我们的热情，能有机会在如此大型的赛事上担任志愿工作，我倍感荣幸。

在此之前我从未接触过沙滩排球，也从未接触过如此专业的体育赛事背后的计时计分与成绩处理工作。8月的宁波是炎热的，石浦镇的港口不时飘来若有若无的鱼腥味。全要素演练的十几天里，我们要熟悉一套之前从未接触过的系统，熟悉一个从未接触过的项目，了解整个比赛流程，并且还要全程高度集中注意力。好在炽热的心总是满怀激情，经过几天的学习我已经能够基本掌握自己的工作内容了。

短暂的分别之后，当我再次来到场馆时已经感觉到大有不同。赛前的场馆排爆、文件的逐层审阅、安保人员入驻后的层层安检，都让我一步步加深对这场赛事的敬畏之心。

在比赛的前一天，小组赛抽完签的那个晚上，我和我的搭档丝毫没有停歇，核查了很久的赛程编排、报表显示、队伍信息等，全英文的信息更是加大了审查的难度。最令我受挫的是，几乎每次我认为已经没有错误之后，再次核对又会发现新的问题。从下午五六点公布抽签结果，再将选手信息、裁判员信息、队服颜色逐一录入，在之后的几个小时里我们几乎没有休息，一直保持着高度集中的注意力。时间很快就到了晚上十点，困意渐渐向我袭来。我迅速调整好心态，和搭档重新分配了核查任务，确保连续两次无误后再进行下一项内容。赛程表、对阵表，十几个不同的表格逐一核查完毕。我清晰地记得，那个晚上我们一直工作到了凌晨。

李佳萌在宁波半边山沙滩排球场馆沙滩排球项目赛前调试设备后与标语合影

紧接着第二天小组赛开始，沙滩排球是杭州第19届亚运会开赛的第一个项目，我们没有任何经验可借鉴，所有人都在盯着我们的数据，而央视也在进行赛事转播。那种感觉像做梦一样，虽然前一晚只睡了三四个小时，但此刻的我全神贯注，脑子里一遍遍演练操作顺序，能在亚运会上以工程师的身份工作，这是我之前从来不敢想象的。

我们作为小组赛期间开赛最早、完赛最晚的项目，每天都是披星戴月。从小组赛到淘汰赛，再到最后的八强、四强，我逐渐喜欢上了沙滩排球这项运动。

忙碌的日子总是过得飞快，在这里我留下了太多美好的记忆碎片：和同事们一起到附近村子里吃大锅饭；勇敢地用自学的泰语与泰国队交流；吹着海风、看着层层浪花、听着场馆不停循环的亚运会宣传曲；技术官员和“小青荷”们用不同语言写下的“爱你们”；近距离目睹了中国女子沙滩排球队实现亚运会六连冠的光辉时刻。一共二十来天的日子，留下的是晒黑的皮肤、“限量版”的工作证，还有友谊和一段难忘的经历，更让我深刻地体会到“心心相融，@未来”的杭州亚运会口号和“体育无国界”的精神。9月的宁波，半边山沙滩排球中心的每一粒沙子都是炽热的，每一颗心也同样是炽热的。

变，与不变

秦楚凝

秦楚凝个人简介

秦楚凝，运动科学与健康学院2021级运动康复专业本科生，在杭州第19届亚运会期间，担任临安体育文化会展中心体育馆跆拳道和摔跤项目计时计分与成绩处理志愿者，主要工作是录入转播所需的裁判信息。

2023年10月7日，随着临安体育文化会展中心体育馆最后一场比赛结束，我的亚运之旅也就此落下帷幕。作为计时计分与成绩系统助理工程师，从负责跆拳道比赛的裁判信息录入，到摔跤项目选手要求挑战时大屏幕的投影与切换，工作的内容、比赛的情况不断变化着，但不变的是我一直在努力适应一切，始终保持认真负责的工作态度，以积极的心态面对变化。这些天的点点滴滴，仍历历在目。

一切要从赛前培训说起。为了熟悉工作节奏，有能力应对各种情况，我们需要充分了解工作内容。因为不确定每天比赛结束的时间，团队成员需要轮班，以保证在有人稍作调整但有特殊情况需要立即处理时能起到雪中送炭的作用，这也体现了全方面掌握多种技能的重要性。我最先学会的是跆拳道品势和竞技两个分项计时计分系统的操作。对于品势，只需点击几个按钮即可；竞技比赛情况多发，经常会有暂停和判罚犯规，操作相对比较频繁，但熟能生巧。除此以外，还要学会视频录制设备的调试，包括设备连接、采集录像、调整摄像机角度等。

原本经过几天的学习应对正式比赛应该不成问题，没想到开赛那天又有了新任务——录入每场比赛的裁判员信息。项目经理只是赛前简单和我说了一下操作流程，做了一遍演示之后就要实战了。没有赛前充裕的时间熟悉和练习，而是必须在每场比赛开始之前录好所有的信息。面对接连不断的信息单、密集的赛程，真是让我措手不及。对此，我告诉自己一定要稳住心态，无论外界如何变化，自己全身心投入工作的状态不能变。一个人一个人地录、一个场地一个场地地来，仔细地检查，活总会越干越少。

看似简单的一件事，实际上想做好需要付出大量心血和克服很多困难。我这边录入的信息，播报员和电视字幕导演也会接收，关系到现场播报和电视转播。在录入信息的同时，还

秦堃凝在临安体育文化会展中心体育馆跆拳道赛前设备调试后与场馆合影

有人一直在和我说话，我需要静下心来反复确认，当时我已经是手脑并用了，恨不得化身千手观音。有时候还可能接收到错误的信息，或者裁判员临时调整必须再修改的情况。高度集中的注意力，火爆的现场气氛，让我心跳加速。手一直在抖，额头渗出了汗，滴到了地上。尤其是看到中国运动员主场作战，甚至想和观众一同尖叫呐喊。但是作为工作人员要做好表情管理，只能多加克制。渐渐地，我在保证准确的同时也琢磨出了技巧，提高了工作效率，变得更加从容。逐渐习惯了这样的环境后，在观众呐喊时我仍然能够专注工作。尽管之后的摔跤比赛又有了其他的任务，但我相信，一直保持良好的状态，对自己的要求不松懈，是真正“以不变应万变”。

当我忙完手头工作，也能体会一下在技术台“第一观赛视角”的震撼。中国队登场的时候，看似淡定的我内心早已像钱塘江的潮水一样汹涌澎湃。面对中东、中亚国家的传统摔跤强队，中国队毫不畏惧，完美诠释了奋力拼搏、永不放弃的体育精神。在跆拳道的赛场，虽然很多人是首次参加亚运会，但他们敢闯敢拼，总能带来惊喜。每次颁奖仪式升国旗奏国歌，我都无比激动，虽然工作在身无法用手机记录振奋人心的时刻，但现场的震撼我会永远铭记在心！

回想过往的这些天，每一个既精彩又难忘的瞬间浮现在眼前，脑子里全是赛会的主题音乐，即使离开了那个环境，也时常在耳边萦绕，无比想念参与到国际盛会中与队友并肩奋斗的日子。像是梦境一般，现在也到了梦醒的时候。

临走前，沿着西子湖畔闲逛，秋风微凉，很柔和而自然地把我的思绪带回到 4 年前，正在上高中的我跟随学校游学的队伍来到了这里，当时怎么也没想到 4 年后我会以另外一种身份回到这里。虽然西湖的景观有了变化，来到这里的原因不同，但我对这座城市的情感、对生活的热爱一直没有变。

以尘微之末，礼赞青春

王仙慧

王仙慧个人简介

王仙慧，运动科学与健康学院 2022 级运动康复专业本科生，在杭州第 19 届亚运会期间，担任临平体育中心足球项目计时计分与成绩处理志愿者，主要工作是上传比赛过程中的积分、人员变化并连接现场大屏。

王仙慧在临平体育中心足球项目赛前设备调试后在场馆前合影

自2022年在电视机前观看北京冬奥会开幕式起，青春洋溢的志愿者队伍就成为一道亮丽风景线并印在我的心上。自此，我的心愿便是成为像他们一样为运动会服务的志愿者。

成为杭州亚运会志愿者是一件不容易的事，选拔过程可谓“过五关斩六将”。通过学校的招募杭州亚运会志愿者的公众号，我开始了解相关事宜、学习亚运会知识、了解志愿者应该具备的素养、做好个人总结等。但是，参加完通用培训后，我发现需要学习的内容还有很多。于是，我全身心地投入到“充电”中，不敢放松。我认为，杭州亚运会的志愿者不仅要为大赛和国际友人提供热情、暖心、专业的服务，更要成为展示中国形象的窗口，让更多人了解中国、爱上中国。这需要我们在具备过硬专业素养的同时，积极发扬甘于奉献的精神。

在杭州亚运会中，我担任计时计分和成绩系统助理工程师志愿者，服务杭州临平场馆的足球赛事服务。在亚运会正式开幕前，我们进行了紧张而充实的演练，熟悉杭州亚运会计时计分系统，熟练掌握并应用。在第一次演练时，我们也出现过很多问题，每当我手忙脚乱时，技术老师都会耐心且快速地解决问题，带领各位志愿者复盘回顾，模拟正赛时会出现的各种问题，让我们能够对系统更加熟悉，避免手忙脚乱的情况出现。比赛前七天进场彩排演练，调试设备，与场馆裁判、体育展示、电视字幕的各位老师紧密配合，每一场模拟比赛都比上一次更加熟练无误，每一场模拟比赛都只为确保正式比赛万无一失。

亚运会第一场比赛时，场馆每位工作人员既紧张又激动。赛前一小时，核查每个参赛队的首发名单、球员号码、随队官员名单、裁判员名单，与竞赛官员核对无误后，输入系统，准备开赛。比赛期间，关注赛场实际情况，随着裁判员哨声开赛，需要与裁判员用对讲机联系，在计时计分系统实时记录进球、犯规、换人的比分；大屏系统需要与体育展示配合，比分和换人变化后，切到场馆大屏，以供球员和观众观看。除了确保比赛现场观众能看到比分变化外，在计时计分系统操作完后，还需上传更新过的最新版消息，检查信息系统上进球人员和换人变化的时间是否与场馆现场一致，这一步是为了保障任何人登录信息系统网站都能实时看到和现场一致的赛时状况。比赛结束后，需要打印相关报表，与竞赛官员再次确认，竞赛官员确认无误并签字后，再分发上传。

杭州亚运会是重要的国际性体育赛事，涉及多个项目和比赛场馆，是一项极具观赏性的赛事。在担任杭州亚运会志愿者的过程中，我充分体会到“奉献”的意义，能够让我亲身参与其中，为比赛和运动员们提供支持与帮助。同时，我也认为这是一次难得的机会，可以锻炼自己的团队合作能力和服务意识。刚报名参加亚运会志愿者选拔的时候，我也希望能够更近距离观看比赛。这次的经历让我深刻意识到，并不是所有岗位都能到赛场一线，在成为志愿者的那一刻，我们都要服从大局安排，服从大于一切。

竞技体育充满未知

刘惠琪

刘惠琪个人简介

刘惠琪，武术与表演学院2021级武术与民族传统体育专业本科生，在杭州第19届亚运会期间，担任富阳水上运动中心皮划艇赛艇项目计时计分与成绩处理志愿者，主要工作是辅助电子设备进行计时计分，以及电视大屏成绩排名投放。

金秋九月，人间天堂杭州在丹桂飘香的季节里迎来了亚运会开幕式，可谓是家国同庆、普天同乐。我有幸作为一名志愿者来到杭州，服务亚运会的赛艇、皮划艇赛事。天下有水亦有山，富春山水非人寰。元代大画家黄公望结庐隐居在富春江畔，创作了绝世名画《富春山居图》。借此机会我也有幸观赏到了富春山水的风光。

9 月 20 日，我们所在的赛艇、皮划艇项目正式开赛，这是我人生中第一次亲身参与的国际性比赛，不过不再是以运动员的身份，而是以一名裁判员的身份坐在裁判员席位上，心情与以往任何一次参加比赛的时候都不一样。身为一名武术套路运动员，赛场是检验我们训练成果的地方，所以我无比渴望和向往赛场。这次我坐在裁判员席位上，看着各国运动员在水中奋力挥桨的时候，我有了不一样的体会。当我还是一名运动员的时候，站在场上是为自己而战，我要证明自己，用优异的成绩证明过去努力训练的自己。但这次，我看到各国选手高高举起桨，又重重地伸向水里推着船往前滑行的时候，我看到了他们背后的国家，他们就像一个个扛着机关枪在战场上搏杀的勇士，拼尽全力挥桨划船，只为第一个冲过终点线，为自己的国家带回那份用自己的血汗铸成的战利品。这是为国家而战，为民族而战。

人有悲欢离合，月有阴晴圆缺。很多时候当我们极力想要完美地做一件事的时候，总不能顺意。有一场比赛给我的印象极为深刻。一位运动员开始一直保持领先的位置，从镜头里我看到他非常有潜力成为这场比赛的金牌得

刘惠琦在富阳水上运动中心皮划艇赛艇项目进行设备布置

主。然而，意外发生了，正当所有裁判员都准备给他掐时间结束的时候，他挥桨划船的动作突然停了下来，可比赛还在继续，一刹那，后面的运动员反超他冲向终点。我看到他把桨紧紧握在手中却怎么也划不动，他只能看着身边的对手一个个反超他。那一刻所有的悲伤涌上心头。曾经是运动员的我太了解这种心情了，他不是不想拿冠军，他真的太想、太渴望了，但在就差最后一步就能拿下金牌为祖国争光的时候，他受伤了。比赛结束后我一直在思考这件事。或许很多没看比赛的人得知他的排名后，第一印象便是他运动水平不高，这种误解对于运动员的打击实在太大。最终结果不理想也不能否定他曾经付出的汗水与泪水。就像我们的人生一样，很多时候就算是尽力了也未必能收获理想的结果。我们努力成长就是为了结出好的果实，就算最后事与愿违，也但求努力过后无怨无悔。

在冲过终点线之前，变数永远可能发生，我们改变不了客观因素，只能改变我们自己。这也是后来我体会最深的一个道理。可能又会有人说，“技高者登顶”“优胜劣汰，强者为尊”，可竞技体育存在很多不确定性，没有人能说自己稳赢，其实还是存在一定运气成分的。虽然竞技体育是残酷的，但我们不能仅仅因此就否认它所蕴含的重要价值，从竞技体育中，我们可以学会自我认识，培养纪律性和责任感并促进国际交流、文化传播，只有坚持这些核心价值，我们才能够真正发挥竞技体育的全部作用和价值，并且在自己的生活和事业中取得更好的成就。

赴国之盛会，吟青春赞歌

张馨月

张馨月个人简介

张馨月，武术与表演学院2021级武术与民族传统体育专业本科生，在杭州第19届亚运会和第4届亚残运会期间，分别担任杭州师范大学（仓前校区）七人制橄榄球项目、塘栖盲人门球训练基地盲人门球项目计时计分与成绩处理志愿者，主要工作是连接打印分发设备并进行巡检、连接裁判系统并进行测试，保证比赛期间相关设备正常运行。

2023年对我来说是不平凡的一年，是机会与挑战并存的一年。在拂去疫情的阴霾后，我国顺利迎来了大运会、亚运会和亚残运会的隆重举办。我很荣幸能够作为首都高校大学生，亲临赛场见证祖国的繁荣昌盛与办赛的从容不迫。从6月初到10月末，历时4个月，我圆满完成了大运会、亚运会、亚残运会的服务工作，在成都与杭州奉献了属于自己的青春力量。

翻开“大运日记”，艺术体操项目中那一张张努力工作的面孔又浮现在我的眼前。初次接触规格如此高的大型赛事，我期待着也不安着，努力梳理情绪迎接未知的挑战。但我所有的惶恐局促在见到成绩团队其他成员后都烟消云散了。他们是和蔼可亲的哥哥姐姐们，会细心告诉我们需要做的工作，手把手带领我们一遍遍过“艰难副本”，为我们答疑解惑，是我们很重要的引路人。由于最初系统不完善，我们的工作并非一帆风顺。我们负责的裁判系统需要插入网线连接内网使用，每一台设备的成功连接都会在总控制的电脑中显示，但很多次在我们自身操作没有失误的情况下都未能连接成功。此时我们心急如焚，不知道究竟是哪里出了问题。哥哥姐姐们会第一时间过来安抚我们的情绪，一步一步排查，找出问题所在。在我们眼中，他们是“神”一般的存在，无论遇到什么问题，一声“哥”就能将问题一扫而空。我们也会在旁边默默学习，将可能遇见的问题与解决方案默默牢记，不再以惧怕心理面对突发问题，在不断努力中也成长为能独当一面的人。这也为后来正式比赛的成功举办奠定了非常重要的基础。

张馨月（右一）在杭州师范大学（仓前校区）七人制橄榄球项目进行设备检查

亚运会中，我被分配到了七人制橄榄球项目，它与大运会艺术体操项目的柔美不同，充满着热血与激情。运动员们用自己的身体碰撞出激烈的火花，以矫健的身躯和独特的战术突出重围，奋勇争先。赛场上，有失去参赛资格却依然因热爱而以“独立运动队”身份参与比赛的队伍；有身负重伤却依旧坚持留在场上的运动员；有在比赛最后关头还不放弃，并在最后一秒进球成功绝杀对手的竞技精神；还有进球后成功扳回比分，所有队员冲上来相互拥抱的战友情。竞技精神不分国界，是一场身体与灵魂的冲撞，是他们以运动员的身份站在这里为国争光的荣耀时刻，更是使出浑身解数、毫无保留的潇洒。不管他们成绩如何，贫穷还是富有，战争或是和平，他们都是值得尊敬的勇士。而中国观众也以东道主的身份表达着对他们的欢迎，是阵阵不停歇的掌声热浪，是面对升旗时的肃然起敬，是全场大合唱“我爱你中国”的热泪盈眶。他们的所作所为感染着在场的每一个人，无论是工作人员、志愿者、观众、教练抑或是运动员，都沉浸在这美好的氛围里，迟迟不愿散场。

亚残运会中的盲人门球项目更是令我感触颇深。上天剥夺了他们用眼睛看世界的权利，但聪明的他们选择用心看世界。他们并没有自我放弃，而是用一股不服输的劲头与精神，匍匐在场地中，用灵敏的听觉辨别球的方向，给予准确格挡与回击。眼前的黑布并不能成为他们的阻碍，也不能捆住他们的双脚阻挡他们大步向前。在中国男队夺冠后，场上发生了感人的一幕：选手胡明耀手捧鲜花摸索着走向观众席，在观众的指引下，他终于来到他心爱的女孩身边。他们紧紧拥抱，那一瞬间场馆所有人不约而同噤了声，随后爆发出热烈的掌声。而女孩手里也有一束送给胡明耀的花，仿佛在对他说，无论你最终取得了什么成绩，永远都是我心中的第一名。

回首往昔，每一次的服务经历都历历在目，留下了回忆、感动与不舍。我也有幸将自己最优秀的一面展现在世界体育舞台上，体现了当代青年的担当作为。以三项大型赛事的完美结束向我的2023年提交了一份满意答卷。这既是结束也是新的开始。国家正在以更积极的姿态、更包容的方式走向世界舞台，而我也不会止步于此，期待未来，我们以更完美的姿态、更专业的服务，再聚首。

七人制橄榄球的炽热之心

赵鑫玉

赵鑫玉个人简介

赵鑫玉，武术与表演学院2021级武术与民族传统体育专业本科生，在杭州第19届亚运会期间，担任杭州师范大学（仓前校区）七人制橄榄球项目计时计分与成绩处理志愿者，主要工作是记录比赛时间和比赛分数。

赵鑫王在杭州师范大学（仓前校区）七人制橄榄球项目赛前设备调试后与吉祥物合影

在熠熠生辉的亚运会赛场上，七人制橄榄球呈现出独特的亮点。场馆位于杭州师范大学（仓前校区）体育馆，我作为一名计时计分及成绩处理的工程师，有幸亲身参与其中，见证了这项运动的力量和魅力。

在这次亚运会七人制橄榄球的工作中，我面临许多挑战。尤其记得在我刚刚接触七人制橄榄球项目时，面对着好几台全是英文的电脑不知道如何下手。从最开始的给电脑安装比赛系统，到学习如何根据橄榄球项目的规则细节进行打分和计时，再到学习如何控制大屏幕的切换。经过项目组组长的耐心培训和数次操作，我也从最开始的“电脑小白”变成了现在可以熟练操作的“电脑大师”。这一切在正式比赛时都需要我们在有限的时间内完成，丝毫不能怠慢与马虎。

在日复一日做准备的日子里，正式比赛悄然到来。清晨，阳光透过窗户洒在我们的脸上，我知道检验成果的一天终于到来了！这一天我们早早地赶到比赛场地，检查各项设备是否准备就绪，确保准确无误。

随着一声哨响，比赛开始。我们需要全神贯注地盯着赛场。每当有精彩进球，我们也都会为之欢呼；每当犯规出现，我们也同样会迅速记录下来。眼睛需要一刻不停地盯着赛场，生怕错过任何一个细节。我的心中充满了紧张和期待，因为我知道，每一次记录都可能影响到比赛的结果。一次，正当我们为一个进球欢呼雀跃之时，一个声音打乱了我们激动的心情。

“刚刚这个球是哪个队员打进去的，我们这边看不清楚，无法把比分加上！”

坏了，听到这里，我们在屋里的人都面面相觑，这可怎么办？在预演比赛突发状况时并没有想到会因看不清球衣号码而加不上成绩的问题。

“别着急，你先找一个运动员加上分数，待会儿等上半场结束我们再进行修改，负责手记的志愿者在这里标注一下，我们现在联系在场边的志愿者核实一下。”

项目组组长沉着冷静的声音从对讲机中传出来，为我们打了一针镇定剂。确实，虽然我们要确保比赛公平公正，不加错分，不乱加分，但是在这样的情况下，规矩是死的，人是活的，我们可以根据现场的情况加以修改。就这样，这个插曲也被有条不紊地解决了。同时，就是因为有这样的插曲产生，让我们在看比赛之余更加关注一些小细节，牢牢把控赛场上的丝毫变化。

当我看到球员们在场上奔跑、传球、撞击，看到他们的汗水、他们的笑容、他们的坚忍，深深地感到自己也是比赛的一部分。他们每一次得分，我都会感到无比快乐，那种喜悦无法用言语表达。

夜幕降临，我们结束了一天的工作。虽然身体有些疲惫，但心中却充满了满足感和成就感。因为我们知道，我们的付出为这场精彩的比赛增添了更多的色彩和看点。我们可能没有获得太多的掌声和关注，但我们的工作却对整个比赛起到了至关重要的作用，是赛场背后的无名英雄，是亚运会七人制橄榄球比赛不可或缺的一部分。

回想这次亚运会七人制橄榄球的工作经历，我深感受益匪浅。我明白了团队精神的重要性，学会了如何在压力下保持冷静，也明白了对待工作需要严谨认真。这一切都将成为我未来人生的宝贵财富。同时，我也意识到，七人制橄榄球不仅是一项运动，更是一种精神，一种不屈不挠、勇往直前的精神。这种精神激励着我面对困难时，要勇敢地迎接挑战，坚定地走下去。在这个过程中，我期待与更多的人一起感受七人制橄榄球的魅力，一起为运动员喝彩，一起为团队骄傲。

赵鑫玉（右二）在杭州师范大学（仓前校区）七人制橄榄球项目赛前设备调试后合影

这一刻，我与祖国同频共振

胥嘉璐

胥嘉璐个人简介

胥嘉璐，休闲与社会体育学院 2022 级社会体育指导与管理专业本科生，在杭州第 19 届亚运会期间，担任富阳银湖体育中心场馆现代五项和射箭项目计时计分与成绩处理志愿者，主要工作是成绩录入。

胥嘉璐（左一）在富阳银湖体育中心场馆现代五项项目进行成绩录入

我认为，我是幸运的，因为我出生在一个和平的时代，一个繁荣的国家，更幸运的是成为此次亚运会的一名工作人员。这不仅是一场体育盛事，更是一次展现深厚文化、彰显科技腾飞、释放青春活力的盛宴。这场盛宴别出心裁地向世界展示了中国风采，以其独特的魅力，引领我们领略一场别开生面的大国之旅。亚运会的脚步已经渐行渐远，但是亚运会留给我的回忆，无论是劳累还是快乐，都值得终生回忆。

在此次亚运会中，我负责的是现代五项和射箭两个项目计时计分工作，从前期测试赛的培训到之后的正式比赛，每天工作很辛苦，但更多的是快乐，这些快乐是团队成员对我由衷地说出一声“谢谢”；是一个观众小朋友不停地跑到我跟前，笑着对我稚声说“姐姐好”；是学校负责人对我说“辛苦了”；是运动员训练结束后对我的肯定；是相关赛事主席走过时，对我认可的微笑；是看到可爱吉祥物时的轻松；是远方朋友家人对我工作的支持和祝福……

射箭正式比赛期间，恰逢中秋佳节。学校负责人、项目组都给我们送来了中秋关怀。让我出乎意料的是，爸爸妈妈从山西特意来到杭州陪我过中秋节。当天，我正在场馆工作，当妈妈给我拍场馆视频时，我愣在了原地。他们来到了场馆门口，可当时的我正忙着正赛前的最后一次演练。他们也很理解我，只是说：“你忙你的，我们就来看看你的工作环境。”忙完手头的工作，我几乎是狂奔到场馆门口，路上我在复盘，其实这些天从他们和我的聊天中就不难猜出他们要到杭州来，只是我没有太关注。他们关心我的工作，也关心亚运会的情况。爸爸跟我说：“能够参与这次亚运会，你应该感到幸运。这是一场很好的爱国主义教育。”爸爸的话我深信不疑，无论是开幕式上中国代表团出场时为中国运动员的呐喊助威，还是在比赛现场升国旗唱国歌时的肃然起立，我都真真切切感受到了艾青的那句“为什么我的眼里常含泪水，因为我对这片土地爱得深沉”。那一刻，我才明白什么是爱国情怀——是对中国发展成果的骄傲，是身为中国人的自豪。

这场盛会不仅是体育精神交流的平台，更是一次国家形象全新展示的机会。作为新时代青年，要透过“亚运之窗”品悟“之江大地”所蕴含的“潮前”精神，传承中华文化、焕发中国活力，向世界展现厚积千年的中国风采。

青春是一场奔赴，亦是一段美好的回忆。生逢盛世，强国有我。作为首都体育学院的一名学生，更应有着“以挑战者精神拼搏创新”的精神，发挥新时代体育人的担当与使命。正如杭州亚运会志愿者主题曲《@未来》中所唱的那样：等你来，一起来，让世界心心相融，爱达未来……杭州亚运会在呈现出一场赛事盛宴的同时，也让更多人用自信的视角与世界对话，用话语去传递赛场内外的中国温度，用热情向世界展示中国的风采，让全世界共同见证这场“中国红”与“亚运蓝”碰撞的中国式浪漫，看到一个更真实、更友爱、更具特色的中国。

一场自我蜕变的历程

王志佳

王志佳个人简介

王志佳，休闲与社会体育学院 2022 级休闲体育专业本科生，在杭州第 19 届亚运会期间，担任中国轻纺城体育中心场馆排球项目计时计分与成绩处理志愿者，主要工作是负责比赛大屏幕分数显示。

王志佳（右一）在中国轻纺城体育中心场馆排球项目调试设备

在那火热的夏季，我亲临了一场令人神往的盛宴——杭州亚运会。这场体育盛事不仅点燃了我的激情，更点亮了我对于青春梦想的追逐与渴望。

身为一名体育院校的学子，我参加了赛前培训和联合演练这一非常重要的工作，目的是确保所有人都熟悉工作内容和职责，并在赛事中能够胜任自己的工作。我接受了多次培训，学习了比赛规则、场馆管理、安全措施等多方面知识，通过模拟比赛和演练，提前预演了可能出现的问题，学会了如何应对和解决。这些培训和演练为我们的实际工作打下了坚实的基础，也提高了我们的工作效率和准确性。在整个过程中，老师和亚组委的工作人员起到了重要的指导和监督作用。他们耐心地解答我们的问题，指导我们如何正确执行工作任务，确保不会犯错。他们严格要求我们，尽可能地提高我们的工作水平和质量。在他们的引导下，我们不断学习、进步，力求做到尽善尽美。亚运会赛前培训和联合演练是一次宝贵的经历，让我更加认识到了自己的责任和担当。只有通过不断学习和实践，才能提高自己的专业水平和素质。我将以这次经历为契机，不断努力学习和进步，为体育事业的发展作出更大的贡献。

我还参与了赛事组织与协调工作，近距离目睹了运动员的拼搏与奋斗。在赛场上，他们挥洒汗水，超越自我的决心与努力深深触动了我。无论是登上领奖台的荣耀，还是默默努力的平凡，他们都以顽强的毅力和积极向上的姿态，演绎了青春华章。他们的奋斗，并非仅为了个人名利，更是为了国家与民族的荣耀。

此次亚运会之旅的工作并不轻松，需要付出大量心血与辛劳。然而，每一次的奉献都为我带来了成长与收获。我学会了团队协作与有效沟通，在与其他志愿者紧密配合的过程中，我们克服重重困难与挑战，相互鼓励、支持，携手完成了任务，使我深刻领悟到团队合作的重要性。每个人都在默默奉献，为比赛的顺利举行贡献着自己的力量。

除了在赛场上的工作，我也有幸参观了众多体育场馆与设施。从雄伟壮观的竞技场到现代化的训练设备，我目睹了中国体育事业的蓬勃发展与日新月异。这些宏伟的场馆与先进的设施，彰显着我国体育实力的强大，也深深烙印在了我的心灵深处。在那里，我感受到了体育运动的魅力与生命力。

参与亚运会让我深切认识到体育的力量与影响力。体育不仅仅是一种运动形式，更是一种精神的体现，激发人们内心的激情和活力，塑造团队合作与拼搏精神。通过这次亚运会，我见证了众多年轻运动员的努力与奋斗，他们的精神鼓舞着我继续努力前行。这次亚运会让我对于“青春梦想”有了更深层次的理解。不论是运动员还是志愿者，我们都在追逐着自己心中的梦想，并为之全力以赴。每个人都怀揣着独特的目标和追求，而体育运动正是实现梦想的方式。在这里，我们超越自我、挑战极限，用汗水和努力书写属于自己的青春篇章。

参与亚运会是我人生中宝贵的回忆与经历，让我成长、收获，今后，我将继续坚守体育精神，不断追逐梦想。无论是在赛场上还是生活中，我都将怀揣着青春梦想，勇往直前，追求卓越。在这个追梦的旅程中，我相信，我一定能闪耀出与众不同的光芒。

在千岛湖的亚运服务记忆

张天宇

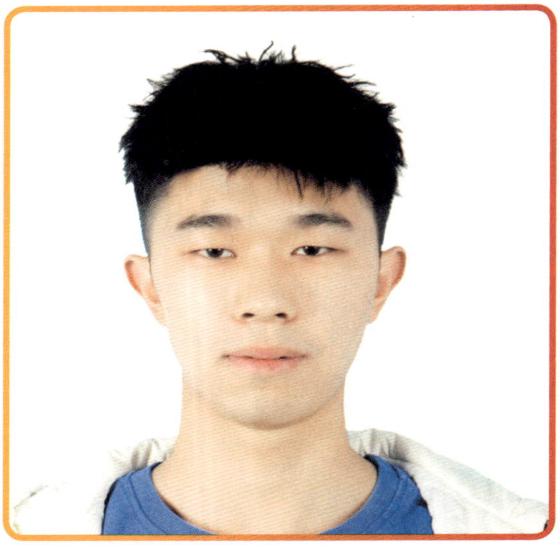

张天宇个人简介

张天宇，休闲与社会体育学院2021级休闲体育（奥林匹克冰雪方向）专业本科生，在杭州第19届亚运会期间，担任淳安界首体育中心马拉松游泳项目评论员解说系统（CIS）志愿者，主要工作是部署评论员系统，确保赛事数据准确上传。

走出千岛湖站，一股潮湿的气息迎面而来，相比已经降温的北京，千岛湖还是有些湿热，这种气候的变化使我很不适应。坐上了接站的汽车，驶出停车场的一刻，一幅犹如画卷的景色映入眼帘，湖水连着高山，高山连着云朵，西下的太阳，金灿灿的光芒散落在水面上，令人陶醉！

在这里的第一个夜晚，我竟难以入睡。可能是因为气候的不适应，或是激动的心情，让我辗转反侧。第一次参加亚运会志愿服务工作难免有些紧张，但更多的还是兴奋，我思考着接下来的工作流程，也渐渐地进入梦乡……

次日，伴随着千岛湖美丽的风景，我随队伍进入了场馆。我们这里属于淳安赛区，是自行车、铁人三项、马拉松游泳的比赛场地，我负责马拉松游泳的比赛项目，自行车场馆边便是千岛湖，也就是公开水域的赛场，平静的湖面不时泛起一片片涟漪，许多伙伴都拿起手机将美景拍下。第一天的工作比较轻松，熟悉场地并调试设备、了解比赛流程、布置比赛场地，最后是志愿者们相互了解，也是在这时我知道了志愿者有个可爱的称呼——“小青荷”，取自宋代诗人杨万里的诗“接天莲叶无穷碧，映日荷花别样红”。

在结束第一天工作、踏上归程的途中，还出现了一个小意外。司机在行驶过程中一个急刹车，车上的人都吓了一跳，原来车前有一条大蛇，这是我第一次见到如此长的蛇，之前只是在电视上见过。全车的伙伴们都露出了惊恐的表情，可能是急刹车的原因，也可能是看到这么大的蛇受到了惊吓吧。

慢慢地，我适应了这里的气候，也迎来了第一个比赛日——铁人三项接力赛。虽然不是我负责的项目，但我还是跟随队伍来到了场馆。我们到得很早，太阳还没有升起。进入场馆后，紧张的气息弥漫在场地四周，大家各司其职在做赛前准备工作。不久后，入场仪式开始了，中国队入场时现场海啸般欢呼，当其他队伍出场时，观众也给予了掌声。比赛即将开始，在入水的跳台上，运动员们都蓄势待发，发令枪一响，比赛开始。铁人三项接力比赛需要每个队伍的四名运动员每人分别完成游泳、骑行、跑步后，接力下一名运动员。令我印象最深刻的是，许多运动员在完成一圈比赛后，已经无力行走，无法想象他们平时的训练有多么大的强度，这完全是一项拼比意志品质的运动，此时我对运动员的敬佩之情油然而生。比赛结束，中国队获得了亚军，是一个很不错的成绩，四名运动员的拼搏精神也得到了大家的认可。在颁奖仪式的升旗环节，播放冠军国家的国歌，此时此刻，如果在这片场地能听到自己国家的国歌是一件多么幸福、多么自豪的事情啊！

很快到了我负责的比赛项目。马拉松游泳需要选手在千岛湖中游泳十千米，这也是一项对体力消耗非常大的项目。我原以为能来到现场观看比赛的观众会少之又少，但当我看到一面面五星红旗飘扬在观众席时，瞬间有了主场的氛围，我也在心中默默地为中国队加油。当天是女队比赛，比赛开始，虽然赛程很漫长，但是一点儿也不缺乏激情。在工作室中一名名工作人员也都全神贯注，第一圈中国队两名选手位列第二、三名，后面几圈也很平稳。最后两位中国选手和一名日本选手形成了第一梯队，到了最后一圈，也是最激动人心的一圈，三位选手都开始冲刺，原本日本选手领先，关键时刻，排在第三位的中国选手一鼓作气，冲刺到了第一位并成功夺冠。夺冠的瞬间，工作室里 观众席上都沸腾了，夺冠选手吴姝彤冲出水面与团队相拥。在比赛结束后的颁奖仪式上，国旗在千岛湖优美的景色中伴随着《义勇军进行曲》升起，我相信这一刻现场的所有中国人都心生自豪。隔天的男队比赛，绵绵细雨，但观众席仍然坐满了人。不出意外，中国再一次夺冠，场景重现，两天的比赛充满了激情与感动，国旗升到顶端的那一刻将永远铭记在我的心中。

千岛湖是一个美丽的地方，短短十几天，在我人生中留下了很重要的回忆。随着比赛的结束，我的亚运会征途也顺利结束了，此时此刻再回想第一天到达千岛湖时的情景尤为激动。天气也渐渐凉爽了，一阵清风过后，我们回归正常的生活，但是这份记忆是永远不会被忘却了。

张天宇在淳安界首体育中心马拉松游泳项目赛前设备调试后与场馆合影

不啻微芒，青春造炬成阳

曹梓峰

曹梓峰个人简介

曹梓峰，休闲与社会体育学院2021级休闲体育专业本科生，在杭州第19届亚运会期间，担任滨江体育馆羽毛球项目计时计分与成绩处理志愿者，主要工作是赛前核对队伍相关信息并录入、赛后打印整理报表及上传。

始于秋分，终于国庆，何其有幸，我能成为第 19 届亚运会的志愿者，上岗前培训、TR2（第二次赛时演练测试），我们不断测试设备，精进技术，只为保障亚运会成功举办。3 个多月来，杭州见证了亚运会志愿者的炽热初心，也承载着全体志愿者的辛勤付出。

2023 年 9 月 20 日，我们昂首出征，来到杭州，开启了我们的亚运之旅。我所服务的场馆和项目是杭州市滨江体育馆（小白碗）羽毛球项目，岗位是计时计分与成绩系统助理工程师。这个岗位真是一刻也不能马虎，容错率极低，需要我准确高效、精益求精，到了工位就要立刻进入工作状态。赛前，我需要核对运动员与裁判员的名字是否有误，我需要确保上百名运动员和裁判员的名字每一个字母都是正确的，两个小时下来，眼睛是酸胀的。在确保名字准确无误后，我还需要在每天赛前 30 分钟将每一场比赛的裁判员录入系统，并打印每场比赛的空白国际计分单。由于场数较多，所以对系统操作的熟练程度也是一种考验。赛时，我要在一场比赛结束后用最短的时间打印并整理报表，如果场上出现了突发事件，如医疗救护、双方队员球衣颜色有冲突等，主裁判员会在本场比赛结束后找我要有成绩的国际计分单。有的时候几块场地比赛同时结束，我需要一边自己理清楚每一块场地的报表打印情况，一边给主裁判员打印计分单，忙得不可开交。在通常情况下我会用贴纸记下每块场地每天的比赛内容，在打印出报表后第一时间作标记。赛后，我需要把当天比赛的报表汇总、检查、存档，待裁判长签字后才可以上传数据，所以我们通常是最后一个离开“小白碗”的。羽毛球比赛是以分数结束，并不是以时间结束的，而我们也经常忙到深夜才离开。

曹梓峰（前排左二）在杭州滨江体育馆羽毛球项目布置设备后合影

这个岗位也非常考验自己的英语水平，在工作之余我也会做一些简单的英语口语练习。计时计分与成绩处理团体要完成各代表队领队的赛前交换名单工作，这就涉及语言沟通。羽毛球项目有许多是国外裁判员，当他们需要计分单记录事件时会向我说英语，我需要听懂他需要的是几号场地第几场比赛。当时是一名爱尔兰籍裁判员需要计分单，他对我说：“Hello，I need the scorecards for race three on court four.”（你好，我需要第四块场地第三场比赛的计分卡）。我回答：“OK，just a moment，please.”（好，请等一下）。当我把计分单递到他的手上时，他满意地点点头，并说道：“OK，you're doing a very professional job.”（好的，你的工作非常专业）。他对我工作的肯定让我感到很开心，感觉一切付出都是值得的。“You're welcome. My pleasure.”（谢谢，我的荣幸。）正是因此，让我深深地感受到了英语学习的重要性。

今朝一别，不知何日再见。19 天我见证了来自各国顶尖运动员的角逐：是男团决赛李诗沣一人力挽狂澜将国羽男团重新拉回到赛场上，最终夺冠；是女单决赛安洗莹和陈雨菲在双双受伤的情况下，靠着意志力和韧劲为国争光；是男单半决赛石宇奇突破心魔，鱼跃救球，战胜奈良冈功大的勇气，球不落地绝不放弃……见证了五湖四海的工作人员各司其职，我们吹过凌晨的风，也见过深夜的星空；见证了国羽夺冠，五星红旗冉冉升起，眼泪夺眶而出。这是骄傲的泪，是独属于中国人的自豪，那一幕让我久久不能忘怀。如果信仰有颜色，那它一定是中国红。能够在现场见证这历史性的一刻，我感到三生有幸。现在回想起来，依然历历在目。

2023 年 10 月 8 日晚，当我们整理好设备踏出安检门，我的亚运之旅就到此结束了。看着渐行渐远的“小白碗”，我向她挥了挥手，心中五味杂陈，不自觉地眼眶湿润了，脑海里浮现出这 19 天以来所发生的故事。

结缘亚运，我们何其幸运；欣逢盛世，我们肩负重任。用属于志愿者的青春活力点亮亚运赛场，能在这场举世瞩目的赛事中贡献一份微薄的力量，是我青春记忆里最美丽的色彩。

我以志愿写青春，亚运有我而闪耀

常艺玮

常艺玮个人简介

常艺玮，管理与传播学院2021级体育经济管理（奥林匹克冰雪方向）专业本科生。在杭州第19届亚运会期间，在杭州奥体中心网球场馆担任网球及软式网球电视字幕志愿者，工作内容包括赛前字幕检查、赛中比分确认及播出、赛后比赛信息传送等，以确保比赛转播工作顺利进行。

9月23日，是中国农历象征丰收的秋分时节，第19届亚运会在浙江杭州隆重开幕，45个亚洲国家和地区的奥林匹克理事会派团参加，1.2万名运动健儿角逐在杭城内外各个赛场，为弘扬奥林匹克精神大显身手。杭州亚运会的举办，对中国和浙江而言也具有多种重要价值和深远意义。作为在“小莲花”工作的网球项目电视字幕工程师，身处这一盛会，我倍感荣幸，也深深为国家感到自豪。

作为管理与传播学院的学生，相较于其他学院，我们直接接触和感受大型体育赛事的机会并没有那么多，感受体育带给人的力量和激情大多也都浮于表面、谈在纸上。而这次的志愿活动，让我有机会在实践中亲身感受、体会体育之美。

早在8月份的测试演练中，负责老师就和我们提过，网球绝对不是一个轻松的项目，如果想要完成任务，就需要足够的热爱。直到开赛后，我才懂得老师的话，每天上午十点钟开赛，如果对局进行得快的话，所有场次打完差不多要到下午五点，倘若战况胶着、两方相持对峙，打到晚上九十点钟也是常有的事。在转播车上观看比赛的新鲜感一过，比赛的过程就显得十分漫长，无穷无止的等待也不免让人烦躁。但是当张之臻、郑钦文勇夺桂冠时，他们身上的五星红旗那么鲜艳，胸前的奖牌那么闪耀；当朱琳惜败后，全场给予她经久不息的掌声，她的眼眶微红却对着镜头和观众微笑，眼中仍有未灭的斗志和坚定的信念；当比赛中场休息时，“小莲花”里响起《少年中国说》，一条条红领巾迎风飘扬，稚嫩的朗朗读书声扣人心弦。每当这时，我的心中总会涌起一种不可名状的感慨，我想，那是对祖国的热爱、对运动员的钦佩、对国家发展的无限希望。一股股力量汇聚，支撑着我，此前长时间工作的疲倦也一扫而空，我充满斗志地完成了后面的比赛

常艺玮（右一）在杭州奥体中心网球场馆网球及软式网球项目进行电视字幕转播

任务。见证了其他国家运动员的欢笑与泪水，见证了亲友团的摇旗呐喊，也见证了中国香港和中国台北代表队出场时，观众席上浓浓的善意和热情。

网球项目完赛后，“小莲花”变身成了软式网球项目的比赛场地。对于很多观众来说，软式网球更小众、更陌生，尤其是一个代表团参赛人数至多五个，而中国代表团仅派出三朵金花出战时，人们多少是有些失望的，认为中国队与这项运动的奖牌无缘。但是当三个姑娘上场后，她们以拼搏的冲劲，永不言弃的态度，一次又一次拼了命地奔跑、跳跃、扣杀……大家之前对她们的看法有所改变。她们腿上那一条条肌贴，不只代表了她们每日的辛勤训练。在我看来，那也是她们的荣誉勋章，展示出了她们对软式网球的热爱。

赛后颁奖仪式前，在路过运动员准备区时，我向她们道喜，恭喜她们赢得比赛。在笑着对我说“谢谢”的同时，她们不经意地问起我负责的工作任务，在得知我负责转播后，她们说：“谢谢你转播我们的比赛，把软式网球带给更多人认识。”那一刻，她们明媚的笑容和真诚的语气都深深地刻在了我的心底，让我感受到了自己肩上承载的责任与力量。

参与转播和字幕工作不只是为了播出比赛，更多的是推广、是传播，是让更多人体会到体育的美，同时吸引更多的人加入体育运动。作为体育人，这本就是我们所希望的，也是我们一直持之以恒努力的方向。

这次志愿服务是一段令人难忘的经历，我会永远记得热情好客的杭州人民，记得晚上发光的“小莲花”场馆，记得转播车上的欢声笑语，记得比赛场上的激情与汗水……相信在很久以后，这段难忘的经历也会在我的人生中熠熠生辉、闪闪发光！

让青春力量闪耀在北纬 30 度最美海岸线

陈　达

陈达个人简介

陈达，管理与传播学院 2021 级新闻学（奥林匹克冰雪方向）专业本科生。在杭州第 19 届亚运会期间，担任宁波半边山沙滩排球中心沙滩排球评论员解说系统（CIS）志愿者，工作内容是部署评论员系统，保障赛时评论员系统正常运行。

陈达在宁波半边山沙滩排球中心沙滩排球项目进行核对比赛信息工作

“青年如初春，如朝日，如百卉之萌动，如利刃之新发于硎，人生最可宝贵之时期也。”何其有幸，我能与伙伴们共赴这场亚洲体育盛会，为祖国贡献自己的力量，这令我感到无比骄傲与自豪。

2023年4月，在了解到亚运会专业志愿者招募的消息后，我毫不犹豫地报名了。我先行自学亚运会相关知识，为选拔面试做足了功课。功夫不负有心人，我成功被选拔为一名亚运会专业志愿者。

而后的4月至8月，我参加了一系列亚运会专业知识培训。在听课过程中，我认真记笔记，并在授课老师模拟实操时用手机全程录像，生怕遗漏关键步骤而导致系统无法正常运行。

亚运会期间，我作为沙滩排球项目的评论员解说系统（CIS）场馆应用专家，在宁波半边山沙滩排球中心工作，主要负责部署评论员系统，保障赛时评论员系统正常运行。在各位前辈、老师的指导下，我顺利完成了为期九天的工作。在赛会服务过程中，我不断提升自己，一直努力学习，以最佳的状态服务亚运。

纸上得来终觉浅，绝知此事要躬行。作为首都体育学院新闻学专业的学生，感谢这个机会，使我成为万千工作人员中的一员，让我见识到新闻媒体传播的魅力。通过实时报道，把信息准确无误地传达给每一位守在屏幕前的人。将书本上学到的内容融入真实的比赛现场，发挥自己的所学，在实践中收获新知识、新技能。当面对突发情况时我冷静处理，这锻炼了我的临场应变能力，我受益匪浅。

令我印象最深的是中国沙滩排球女队成功卫冕，实现六连冠。彼时，现场观众们的欢呼声和尖叫声犹如海浪般不绝于耳。在颁奖仪式环节，当中国运动员站上最高领奖台，升国旗、奏国歌、全体起立的那一刻，我热血沸腾。在场的所有观众共同唱响《义勇军进行曲》，歌声盘旋萦绕在宁波半边山。我全神贯注地盯着那面徐徐升起的五星红旗，在那一刻喉咙中发出的歌声注入了我全身的能量与热情。伴随着阵阵欢呼，我的心情久久不能平复。在 2022 年北京冬奥会期间，我曾有幸到搜狐体育实习，与其相比，这次我可以零距离感受竞技的精神与体育的魅力。同时对我各方面能力都是一大考验，也带给我一次成长机会，使我的大学生活更加丰富多彩。

此次亚运会又恰逢中秋、国庆双节，在比赛现场，我感受到了体育精神与民族精神的融合，此次体育盛会不仅向世界展示了中国的文化底蕴，也向各国运动员和现场观众传递了团圆的美好祝福。

我想，杭州亚运会不仅是亚洲体育健儿们争金夺银的赛场，也是展示中国青年激情和风采的舞台。我在现场见证了体育精神、拼搏精神。每一位运动员在赛场上挥洒的每一滴汗水，都是他们顽强奋斗、坚守热爱的标志。我也感受到了祖国的强盛，为作为一名中国人而感到自豪。生逢盛世，肩负重任，此后，我将一如既往把握机遇，奏响激昂嘹亮的青春之歌。

亚运有我，蓬勃铸我

陈　婧

陈婧个人简介

陈婧，管理与传播学院2021级公共事业管理（体育管理方向）专业本科生，在杭州第19届亚运会期间，担任杭州奥体中心体育馆五人制篮球项目评论员解说系统（CIS）兼转播电视台屏幕加分控制志愿者，主要工作是赛前检查数据连接情况、赛中实时控制比分加减、赛后保证数据上传。

我是陈婧，在杭州奥体中心体育馆五人制篮球评论员解说系统（CIS）岗位工作，兼转播电视台屏幕加分控制。

自古以来，我国就有“礼仪之邦”之称。千百年来，以礼待人、以礼行事，是我们的做事原则。无礼仪，不成邦。正所谓“有朋自远方来，不亦乐乎！”当好东道主是我们所有人的共同期待，在这个举世瞩目的时刻，志愿者的角色是极其重要的。

在第一次培训时，我褪去了刚刚成为志愿者的盲目兴奋与迷茫，沉下心来，学习专业技术，同时开始为能否胜任工作而紧张，不断地挑战与进步。经过三次课程的培训后，我更加清楚地意识到一名志愿者身上的责任和要挑起的重担。作为志愿者，单单靠热情和一时冲动是远远不够的。我们不仅要行动，还要加强理论学习来提高实践能力，不仅要提高自身为社会奉献的本领，还要在每次志愿活动中让更多人参与到我们的行动中来。

志愿者不变的口号是“服务”。服务，就是我们的全部工作，在服务中，不仅展现了我们亚运会志愿者的精神风貌，也展示出了大家对亚运会的热情。在亚运会服务过程中，我也结识到了许多良师益友，受益匪浅。

我非常感谢我的老师，是她塑造了我，从无到有、从无措到娴熟、从步步踌躇到独当一面，她也见证我出色地完成了任务。是她，曾一遍遍为我扫清障碍，一遍遍鼓励我、相信

陈婧在杭州奥体中心体育馆五人制篮球项目赛前检查数据连接情况

我，她是我迈出每一步的底气；是她，凭一己之力力排众议将我送上技术台，才有了我近距离观摩比赛的震撼，也因此，转播电视台屏幕加分控制有了我的色彩。

另一位我最想感谢的是字幕老师。第一次加分时我因慌乱紧张出错，老师为我注入温柔坚定的力量，他告诉我："没关系，谁都会犯错。"慢慢地，我没有辜负他的信任，成长为一个合格的加分人。一个前辈的一句肯定——"好厉害，你都可以去CBA（中国篮球职业联赛）加分了"，足以让我热泪盈眶，我看到了坚持和努力的意义。对自己，我经历过怀疑、埋怨、恨铁不成钢，但现在，我破茧为蝶，一切磨难皆为序章，我自信而蓬勃。

在赛场上，比赛前全场高唱国歌，比赛时大家高喊"加油"，比赛后以及夺冠时热烈欢呼，我身处其中，热泪盈眶，我深切地爱着我的祖国。

许多人会问，参加志愿服务到底图什么？对我而言，当听到服务对象的一句"谢谢"，我就实现了当志愿者的价值。青年处于人生最美丽的年华，我们应积极投身到自己热爱的事业中，以不懈的追求、辛勤的汗水演绎青春，用实际行动实现自己的人生价值！志愿活动让我明白，做好志愿服务一定要有"老吾老以及人之老，幼吾幼以及人之幼"的博爱之心，要有"不期望以任何方式得到好处"的奉献精神，要有矢志不渝的坚持。"即使没有蝴蝶美丽的翅膀，也要有破茧而出的勇气和力量"，这是我最想对他们说的话，也是我从他们身上看到的可贵精神。

我为身为一名志愿者而自豪！

两历国际赛事，一生体育荣光

陈庆义

陈庆义个人简介

陈庆义，管理与传播学院2021级体育经济与管理专业本科生，在杭州第19届亚运会期间，担任临平体育中心体育馆排球和空手道项目计时计分与成绩处理志愿者，主要工作是现场打分、实时更新云端比赛成绩。

陈庆义在临平体育中心体育馆排球和空手道项目进行赛前检查

2023 年，成都大运会、杭州亚运会先后举办，吹响了我国体育强国建设的冲锋号角。作为首都体育学院 2021 级体育经济与管理专业的学生，我非常荣幸地亲历了这两次国际综合体育运动会，并为其贡献了自己的青春力量。

我在成都大运会、杭州亚运会中均担任排球项目成绩处理工程师，主要负责排球比赛前期的专业赛事编排、赛前和赛时人员核验与确认、赛时的技术统计软件应用以及赛后的最终成绩认定与上传，属于信息技术领域的成绩处理团队。

近两个月的高强度工作锻炼了我的沟通协作能力，磨炼了我的心理素质。还记得第一次进行成绩处理工作时，我全神贯注地留意着场上的情形，生怕成绩处理设备出现任何问题，影响比赛进程，悬着的心在裁判员吹响比赛结束的哨声后才落下。到后来，我可以从容面对赛场上出现的任何问题，以最快速度解决突发情况，保证比赛顺利进行。

以青春视角，亲历国际赛事，我收获了青春的珍贵友谊。成绩处理团队的伙伴们心往一处想、劲往一处使，在遇到困难时，我们互相学习、互相鼓励，为了比赛顺利进行尽心尽力。因体育而结缘，我们成为彼此真挚的朋友，成为各自人生中重要时刻的见证者、同行者。

以青春视角亲历国际赛事，我被体育精神深深感动着。杭州亚运会男子排球项目结束后，我留在场馆继续服务空手道项目。在短短5天的比赛里，我见证了许多胜利者喜极而泣，也目睹了许多失利者黯然离场。最令我动容的是一位巴勒斯坦女运动员，她头顶黑色纱巾，沉默寡言，首次登场比赛就不敌对手，遭到淘汰。望着她退场的落寞身影，我仿佛看到了她身后支离破碎的祖国（就在比赛结束后不久，巴以冲突全面爆发，她的家园再次陷入战火）。征战亚运，无论比赛成绩如何，她都是这个民族的英雄，她和诸多像她一样的运动员们，给予了身后人无穷的力量。正如百年前刘长春远渡重洋参加奥运会，种下了发展中华民族体育事业的希望与梦想，激励着无数有志之士为此奋斗终生，于今朝长成参天大树。

以青春视角亲历国际赛事，我听到了体育强国建设的冲锋号角。杭州亚运会，是党的二十大胜利召开之后，我国举办的规模最大、水平最高的国际综合性体育赛事，举国关注，举世瞩目。作为体育人有幸参与其中，并贡献自己的微薄之力，将成为我光荣且难忘的回忆，更坚定着我积极投身中国体育事业的初心与梦想。

风从东方来，潮起亚细亚。神州大地，一场“心心相融，@未来”的亚运之约精彩上演，书写了亚洲团结、命运与共的崭新篇章。无论是“成都成就梦想”，还是“心心相融，@未来”，都传递着同样的理念，呼吁各国人民心手相牵，向着构建人类命运共同体的宏伟愿景不断迈出坚实步伐，奏响山海相连、人文相亲的团结乐章！

以青春之名逐梦，奔赴亚运盛会

陈　煜

陈煜个人简介

陈煜，管理与传播学院2022级体育经济与管理专业本科生，在杭州第19届亚运会期间，担任杭州市钱塘轮滑中心滑板和轮滑项目电视字幕志愿者，主要工作是实时转播比赛情况、上传比赛成绩等各类字幕，确保比赛转播工作顺利进行。

2022年我从杭州退伍复学，却从未想到自己会在2023年再一次来到杭州这个熟悉的城市，这又是一次新的旅程、新的体验。

很荣幸能在大学时期参加一场世界性的赛事，亲身参与亚运会的组织和运行，为参赛运动员、官员和观众们提供帮助和支持。我也从中学习和实践了许多新的知识和技能，提高了团队合作、沟通、解决问题的能力等，这些都有助于我的个人成长。

参与杭州亚运会是我2023年做过最正确、最难忘的事情，为我平淡而普通的一年增添了浓墨重彩的一笔。从报名、面试、培训到赛前演练，几个月的时间只为呈现出最完美的效果。

在这次亚运会志愿服务当中，“办好一个会，提升一座城”这句话时时刻刻提醒着我，我不仅是一名电视字幕工作人员，更代表着杭州，代表着中国，这次亚运志愿服务是社会文明高度和温度的彰显。我的工作环境是在转播车里，面对着无数个大屏和小屏，负责电视字幕实时转播呈现，确保准确无误地传递给观看直播的人们。我被分配到了轮滑和滑板两个项目，这也是我第一次接触和了解这两个项目的规则和内容，虽然不是自己当初最心仪、最期望负责的项目，但这次经历让我回味无穷。

培训和赛前演练的日子与正式比赛时的场景，以及内心所想所感都是截然不同的。模拟演练时无数次测试数据和设备、无数次脑补和幻想真正的场景，赛前我每天路过屏幕看着开赛倒计时一天天在逼近，紧张而又充满期待。直至比赛那天，微冷的房间让我慌张的心情变得愈加强烈，手脚逐渐僵硬冰冷，高度集中的头脑和思维，不敢胡思乱想半分。

记忆也许在未来的某一天终将被淡忘和消逝，但我知道文字的力量是强大的。开赛前几天，每天晚上我即使身心俱疲，但依旧会坚持在手机备忘录里记录下自己当天工作的感受。

简短分享一些那段日子里我的真情实感：

“正赛第一天，早上五点起床，困意朦胧，微微的冷风很舒适。从六点半到九点半一直在转播车里等候，和导演不断对字幕流程。上午是女子碗池资格赛，下午是男子碗池资格赛，我和小伙伴分工负责字幕工作。当下午轮到自己上机时，心情有一点点紧张，第一次工作伴有一些不完美，中途电脑意外发生故障导致出现30秒延迟的现象，大脑一片空白……”

“正赛第二天，今天依旧是五点起床、六点开工的日子。我负责的是下午男子碗池决赛。中国选手获得了金牌！我感同身受，特别开心！观看每位选手比赛时，自己内心也会被他们牵动，担心他们出现技术失误，从而遗憾结束。人生可能就是这样，惊喜与意外并存，没有人会提前预知结果。今天的字幕工作顺利完成，比昨天轻松了很多！剩下的日子继续加油……”

“正赛第四天，今天又遇到了突发状况：成绩处理系统出现了一些问题，导致选手比赛成绩无法传递到我们电视字幕的数据库，选手个人成绩、小组排名、总排名等都无法显示，从而影响了正常上字幕的流程，只能通过转播大屏来告知成绩。我们不断与场内负责人沟通，也拨打了负责这片区域赛事的老师电话询问解决方案。但由于赛事进行的速度很快，我们还未完全调整好系统，比赛就已结束。赛后我们也对此进行了复盘总结，避免再出现类似情况……”

随着工作天数的增加，我悬着的心也渐渐落了地，状态越来越好，和导演老师们的配合愈加默契，面对各种突发状况也都可以从容、冷静地处理应对。正是这些未知的挑战和压力让我成长，使我逐渐可以独自解决问题和困难，并从中获得许多宝贵的经验以及满满的成就感。这次的亚运会志愿服务经历不仅让我认识了许多优秀的人，也结交到了一群好朋友，晚上和他们在江边散步、无话不说的时间是我疲惫生活里的一束光。

陈煜在钱塘轮滑中心滑板和轮滑项目进行电视字幕转播

在亚运会赛场上，每一次中国队出场时全场的欢呼声，每一次国旗高高升起、奏唱国歌时整齐又响亮的歌声，每一声“中国队，加油”，都是振奋人心的。虽然不能亲自在现场感受这份热情和激昂，但在转播车里的我也会随之热泪盈眶。

“最后一分钟，下字幕。”23 个日夜，我的亚运故事也到了尾声。何其有幸，拥有这段被亚运标记的青春。谢谢你，杭州，让我的生命变得更加鲜活！

竞技与爱同在，奏响赛场之外的胜利之歌

邓泳宜

邓泳宜个人简介

邓泳宜，管理与传播学院2022级体育经济与管理专业本科生，在杭州第19届亚运会期间，担任临平体育中心体育馆排球和空手道项目计时计分与成绩处理志愿者，主要工作是现场打分、实时更新云端比赛成绩。

距离杭州第19届亚运会落幕已过去一段时日，但那段珍贵的记忆如同潮水般，不时涌现在我的心头。每当我回想起那些日子，心中便充满了荣光、欢笑、泪水和热烈的掌声，这些都是我在亚运会上难忘的记忆碎片。

在此次亚运会上，我有幸作为计时计分与成绩处理的志愿者，在杭州市临平体育中心体育馆里服务。我负责的是男子排球和空手道项目，这段时光充满了挑战与欢笑，令人难以忘怀。此前在成都大运会期间，我曾服务于羽毛球项目，原本我以为羽毛球和排球之间会有许多共通之处，但实际上两者大相径庭。为了胜任这一角色，我不得不从零开始，学习排球规则，熟悉整个计分系统搭建，掌握打分、切换画面、上传报表等一系列技术操作。在这个过程中，我深刻体会到了成长的挑战，也感受到了自我突破的喜悦。

项目正式开赛的第一天，我的内心既激动又紧张，但在团队的默契配合下，我们顺利完成了首场比赛。随着赛事的进行，我们团队的配合越发默契，我也从最初的紧张不安，逐渐变得自信、从容。每次坐在赛场旁记录分数时，我深知自己的每一个动作都关系重大，牵动着观众和比赛团队的心，但我并不孤单，因为我的背后始终有一群可靠的伙伴支持着我。

值得一提的是，我们的计时计分与成绩处理团队在赛事开始前迎来了一位来自亚洲排球协会的新朋友。他不仅负责与我们的工作对接，确保每天比赛顺利进行，还为我们带来了许多乐趣，我们相互分享文化、学习彼此语言、互赠小礼物，这一切让办公室的氛围更加轻松。

另外，我还遇到了志愿者“小青荷”们，

邓泳宜（左三）在临平体育中心体育馆排球项目指导志愿者工作

我们之间有许多共同话题，她们的细心和关怀也让我深受感动。在比赛场所的工作区，我们常常面对着冷风直吹，身体僵硬，甚至有人感冒，“小青荷”注意到了这个问题，第二天便给我们带来了暖宝宝。这种无私的关怀和团队之间的紧密合作，让“心心相融”这个口号变成了我们之间最真挚的情感。

在男子排球项目结束后，我又开始负责空手道项目。我亲眼见证了这块场地转变的全过程，从布景到功能区的设置，再到专用设备的搭建，短短几天内，场馆焕然一新，而这一切的背后是工作人员辛勤的劳动和汗水。

赛场上，中国女子空手道队员的勇猛表现更是让人热血沸腾，特别是李巧巧和龚莉，她们发挥出色，每一次迅猛攻击并准确得分都令人振奋。当她们在赛场上奋力拼搏时，我仿佛看到了她们背后无数次的练习和付出。当她们披上国旗，在观众的欢呼声中奔跑时，那是中华儿女自信和骄傲的展现。

这次亚运会不仅是运动员们的舞台，也是幕后工作人员辛勤劳动的见证，我们每一个人，都是这场盛会的重要组成部分。我们共同创造了这段难忘的回忆，心心相融，一同迎接未来的挑战和机遇。

无数个瞬间构成了我和我们

樊小菲

樊小菲个人简介

樊小菲，管理与传播学院2021级新闻学（奥林匹克冰雪方向）专业本科生，在杭州第19届亚运会期间，担任浙江大学紫金港校区体育馆男子五人制篮球项目计时计分与成绩处理志愿者，主要工作为操作计时计分与成绩处理系统、生成每节比赛的成绩单，同时负责对接配合主场馆工作。

我居北海君南海，寄雁传书谢不能。桃李春风一杯酒，江湖夜雨十年灯。

——记我的杭州亚运会美梦一场

火车呼啸驶过湖州、南京、济南，裹挟着西子湖畔的三秋芳桂、十里晴荷，和我一同返回北京。

因为不舍得一些东西，我的这趟返程一拖再拖。我在不舍些什么呢？肯定是不舍得某些东西，致使我竟有一直留在那座城市的想法。然而时间过得这样快，轻舟泊苍茫，船头捞月亮，短短 20 天如同一瞬长，浩浩去流江。

我不舍得的，也许是那一条“战功赫赫”的工作牌挂绳，也许是上面挂满的各个国家的 pin（徽章），也许是每天在电脑软件上发布的“Good morning（早安）”“Good night（晚安）”，也许是学了好几天才学会的工作流程，也许是正式比赛前一天晚上紧张到给自己暗暗鼓劲一定要圆满完成任务的自己，也许是亦师亦友的老师，也许是结下奇妙友谊的“小青荷”志愿者，也许是每天下午的麦当劳，也许是被球砸到技术台“误打误撞”在央视镜头露脸的我自己，也许是无数的合照——和小伙伴们的、和场馆其他领域工作人员的、和运动员的、和外国友人的，也许是每天比赛期间难得的没有紧要工作可以观看比赛的几分钟，也许是休息日的杭州游逛，也许……

我不舍得带我的两位老师。一开始带着我的是负责对接我工作计时计分的荣老师，他是一位非常认真负责、和蔼可亲的老师。我从一开始对于岗位工作一无所知，到正式比赛的行云流水，一切都离不开荣老师的帮助和教导。

樊小菲（右二）在浙江大学紫金港校区体育馆五人制篮球项目进行赛前检查

他不仅让我增长了非常多的专业相关知识，还让我在异地工作的过程中感受到了温暖和关心，让我感到何其有幸被包容、被照顾。我还不舍得正式比赛过程中一直与我配合工作处理成绩的盛老师，短短的几天里我们逐渐熟悉，他与我亦师亦友，比赛过程中的谈天说地，工作中的默契，他的幽默谈吐，都让我怀念。我从一开始的不敢去与外国教练和运动员交换徽章，到最后的大方交流，都来自他的鼓励。

我不舍得那美如仙境的杭城风光。不论是中秋当日的湖畔夜游、宝石山夜爬、断桥残雪、曲院风荷，还是宛如一头栽进绿野仙踪的杨公堤、钱塘江风景，都让我陶醉，让我羡慕生活在这里的人们。

我不舍得在这里结下的友谊。我不舍得与我同在浙江大学工作的学妹，也不舍得可爱的浙江大学志愿者同学们。我忘不了在篮球架下的合影，忘不了每天为了换徽章的互帮互助，忘不了给我当了好几天“导游”的杭州本地志愿者，忘不了给我寄来亚残运会徽章的印度尼西亚同学，忘不了我们说“See you in Beijing”（北京见），忘不了那天晚上的草地聚会，那晚的天色很美，漫天星云。

我不舍得离开既美丽又底蕴深厚的浙江大学。短短不到一个月的相处，我很爱这里。我想这里的同学们作为“浙大人”一定相当骄傲，他们与众多灿若星辰的名士共享过这崇高的称号。

我不舍得这段时间在这里快乐自信、灿烂明媚的自己。

曲终人不见，江上数峰青。我知道我的亚运之旅已经消散在时光里，但我会带着曾经的一切精彩去拥抱未来。追风赶月莫停留，平芜尽处是春山。人生路远，山河坦荡，好景在前方！

20 岁的夏天，何其有幸，共赴盛会

高嘉悦

高嘉悦个人简介

高嘉悦，管理与传播学院 2021 级新闻学（奥林匹克冰雪方向）专业本科生，在杭州第 19 届亚运会期间，担任杭州电子科技大学场馆击剑项目电视字幕志愿者，主要工作是电视字幕转播及检查、控制电视字幕信息。

高嘉悦在杭州电子科技大学场馆击剑项目进行电视字幕转播

2023 年，我国作为东道主举办了两场大型国际级体育赛事——成都大运会及杭州亚运会。两场国际性体育盛会，吸引了全球目光，也凝聚了无数热血青年的志愿服务。作为首都体育学院的学生，我有幸参与并亲历了两场运动会的志愿服务工作。在本届大运会和亚运会中，我担任击剑项目的电视字幕工程师。从面试、校内培训到公司培训上机操作，再到两场运动会的正式比赛实操，六个月的时光转瞬即逝，却在我的脑海中留下了深刻而难忘的回忆。短短六个月，我将热爱融入志愿工作中，化为奋斗的动力，不断突破自我，收获成长，受益良多。

时间倒流回 4 月，当得知学校发布大运会及亚运会志愿者招募的消息时，我毫不犹豫地报了名，期盼着能参与这两场体育盛会。作为肩负着新时代责任与使命的青年，我们以志愿者的身份参与国际性体育盛会，不仅可以向世界展现中国青年昂扬向上的精神风貌，也可以更好地向世界传递中国声音。同时，作为一名体育新闻专业的学生，能够切身参与大型赛事工作，是积累自己专业技能及经验的大好机会。进入大学后，我有幸在 2022 年北京冬奥会和卡塔尔世界杯两场赛事期间，在央视网体育频道进行了幕后的新闻宣传工作。通过这两次的实习工作，我学习到了体育新闻幕后宣传的内容及程序，同时我也更加向往到比赛前方，到比赛现场积累工作经验，开阔眼界，提升自我。

通过层层面试和培训，我成为首都体育学院大运会及亚运会志愿者，也充分发挥了自己的优势特长，来到我所熟悉、热爱的击剑项目，负责击剑项目的电视字幕转播工作，控制电视字幕的信息，帮助电视和手机屏幕前的观众更好地了解比赛情况和观看比赛。

2023 年 7 月 28 日，第 31 届大运会在成都正式开幕，我怀着满腔热血来到蓉城，开启了人生中第一次在比赛前方的志愿工作。第一次进入转播车，对我而言，这是一个有趣但非常陌生的工作环境。在字幕导演和字幕老师的引导与带领下，我很快地熟悉了字幕工作。在转播车工作推进的过程中，我学习到了与体育项目转播相关的流程与内容，这拓展了我的体育新闻专业知识面。与此同时，我将自身具备的专业击剑知识运用到工作中，为导演们提供了帮助，使转播团队能够更好地为观众们呈现精彩的比赛，促进了每日转播工作顺利进行。在整个工作过程中，我不仅拓展了自身的专业技能，还学以致用，将所学运用到实践中，在帮助他人的同时收获了前所未有的满足感！

从成都回来后，仅仅休息调整了一周，我就来到杭州，进入亚运会的 TR2（第二次技术演练）。在杭州亚运会，我的身边将不再有电视字幕老师的帮助，赛时的字幕信息将完全由我一人完成。一开始我十分紧张，在练习过程中有些局促，但得益于大运会转播的经历和演练期间老师们的悉心指导与帮助，在正式比赛开始时我已经能够完全独立掌握字幕工作了。9 月 24 日亚运会击剑比赛正式开始，我再次坐上转播车，服务我熟悉的击剑比赛。作为亚洲级别最高的运动会，这里聚集着全亚洲水平最高的运动员们，在这里我见到了平时只能在屏幕上看到的运动员和我的击剑偶像，我幸运地得到了击剑偶像的祝福。带着这份祝福与鼓励，我会加倍努力，不断突破自我，成为他人追逐的光。在转播过程中，我通过近距离观看高水平比赛，吸收学习各国优秀运动员的打法，精进了自身击剑技能，同时也提高了自己的裁判判罚能力。时光匆匆而逝，在中秋节的这天，我正式结束了亚运之旅。

在成都和杭州，我见证了中国健儿数次站上领奖台，升起五星红旗，奏响国歌。每当国歌在场馆奏响，五星红旗冉冉升起，我心中的骄傲与自豪感油然而生。无数个这样的瞬间，让我深刻感受到祖国体育事业在繁荣发展，同时我也深深意识到吾辈青年身上肩负的责任与使命——我们当传承并延续这份无畏的拼搏精神，用青春与汗水使祖国的体育事业更上一层楼，向世界展现中华儿女的英姿！

在志愿服务的过程中，我也遇到了许多可爱的老师。每一位老师都非常耐心地为我们答疑解惑，帮助我一步一步熟悉志愿工作，确保运动会任务圆满完成！真挚地感谢每位老师对我的悉心指导与帮助，真挚地感谢学校给予我这样宝贵的大赛服务经验。

作为一名大学生击剑运动员，虽然没能以运动员的身份站在大运会的剑道上，但我十分荣幸能够成为电视字幕工程师并参加到世界大学生击剑比赛中，以这样一个全新的身份站在我热爱的击剑赛场上。尽管在两次运动会中我的服务内容相同，但每一次服务我的体会都会较上一次更强烈、更深刻。我深刻感受到了志愿者的使命感和责任心，无论是大运会还是亚运会，志愿者都以饱满的热情和专业的态度迎接每一位参与者。志愿服务不仅是一种奉献，更是一种精神追求。在服务过程中，我看到了许多志愿者为了活动顺利举行，不辞辛劳、尽心尽力的场景，他们的付出无私而伟大。这种无私奉献的精神深深感染了我，也激励着我将来继续投身志愿服务，为社会贡献自己的一份力量！

回到学校的我，还会时不时地翻看相册，回忆两届赛事的点点滴滴。从赛前培训，到成都大运会，再到杭州亚运会，时光如白驹过隙，但属于大运会和亚运会的回忆每一帧都真真切切地印在我的脑海里。每一天、每一分、每一秒都会是我弥足珍贵的回忆。再见成都，再见杭州，20 岁的夏天奉献给了你们，成就梦想，憧憬未来。

始于体育，不止于体育

高艺瑞

高艺瑞个人简介

高艺瑞，管理与传播学院 2021 级新闻学（奥林匹克冰雪方向）专业本科生，在杭州第 19 届亚运会期间，担任杭州奥体中心体育馆篮球项目电视字幕志愿者，主要工作是检查核对比赛数据和字幕信息，以及比赛的字幕播放。

2023年的这个夏天，承载着我最珍贵的回忆。从7月到10月，从盛夏到金秋，从蓉城到临安，从大运会到亚运会，篮球的赛场在呈现比赛激情的同时，也带给我们无限的惊喜和感动。

在成都大运会和杭州亚运会中，我担任篮球项目电视字幕工程师，在比赛期间负责传送比分、技术统计、球员信息等字幕，让观众能更好地享受比赛。

大运会第一天上转播车的画面我现在还记忆犹新，那里的一切对我来说都是新鲜与向往的，对新闻工作以及篮球的热爱激励着我每天打起十二分的精神投入到工作中。尽管如此，紧凑的赛前流程、紧张的比赛节奏还是让我这个“转播小白”手足无措。幸运的是有老师们的耐心指导和不断鼓励，我很快便熟练起来，对于突发情况也能妥善处理。成都成就了运动员们的梦想，也见证了我的成长。这是我人生中非常重要的一段经历。锻炼了能力，开拓了眼界，结交了良师益友，为我在杭州亚运会的工作打下了基础。

杭州亚运会相比于成都大运会，我的工作独立性更强，缺少了老师一对一的帮助，一开始我非常紧张，无法适应。但是随着我和转播团队越来越熟悉，配合得越来越好，我的不安也慢慢消失了。在字幕导演的带领下，我会在每天赛前提前三小时到达场馆做准备工作，除了常规的字幕软件设置以外，我们还会提前整理流程，核对各国运动员名单以及国旗的正误。在篮球比赛开球前，导播会给参赛队伍的队员、教练以及本场裁判镜头，我需要在合适的时间内播出对应的字幕，比如球队的首发名单、重点球员的数据以及裁判的姓名和国籍。这也是考验字幕员、字幕导演还有导播配合的时候，赛前紧凑的节奏要求我们必须快速、准确地找到对应字幕口令位置并且熟练地播出。在篮球比赛开球后的比赛时间里，我们要根据比赛进程，在恰当的时机给出两队的单项比分对比，比如A队出现连续失误以至于落后10分这样的情况，我们就可以播出两队失误次数和失误分数的数据对比，或者在球员罚球时给出个人数据，以便观众紧跟比赛节奏。篮球比赛结束后，赛后比分板和技术统计也是必不可少的环节。除此之外，我们还需要播出下次传送时间，传送新闻素材。到这里，我们一天的工作才算真正结束。经历了一整天高强度的工作，大家脸上虽然有藏不住的疲惫，但是每个人都毫无怨言，因为是我们共同的努力才向观

高艺瑞在杭州奥体中心体育馆篮球项目进行电视字幕转播

众呈现了一场场精彩的比赛，我们也想像为国争光的运动员们一样，让世界看到属于中国青年的担当与勇气、自信与热情。

中国女篮队员韩旭说：“披星戴月地奔赴理想，无怨无悔。”没有一场胜利来得轻松，没有哪次比拼不是全力以赴，唯有享受比赛，突破自我。在这20天的赛程中，我们见到很多30多岁的老将依旧在赛场上拼搏，也有十几岁的新秀崭露锋芒，在惊喜于英雄出少年的同时，也对依旧保持热爱的老将们心生敬佩；我们也见到在国庆当天比赛结束后全场合唱《红旗飘飘》，那种油然而生的自豪感让我难忘；我们还见到中国女篮在决赛的绝杀13秒，见证了中国女篮的又一枚亚运金牌……

体育的魅力远不止于金牌，比体育本身更有魅力的是体育精神，那些坚持不懈、奋力拼搏、团结协作的时刻，常常令人为之热泪盈眶。体育的魅力在于永远不缺惊喜和遗憾，始终诠释着“不问终点，全力以赴”的态度。体育如此，人生亦如此。在胜利和顺境时不骄傲不浮躁，在失败和困境时不消沉不动摇，顽强拼搏，方能干有所成、大有作为。亚运圣火虽然熄灭，亚运精神还会继续传承。以体育促和平，以体育促团结，以体育促包容，心心相融的亚洲人民永远向前，必将书写新的动人篇章。我也会继续热爱体育，不断提升自己的学科知识，丰富自己的技能，为我热爱的体育事业贡献力量。

我与那场盛会

郭　艾

郭艾个人简介

郭艾，管理与传播学院2021级新闻学专业本科生，在杭州第19届亚运会期间，担任中国轻纺城场馆排球项目计时计分与成绩处理志愿者，主要工作是赛时记录比分，确保数据上传正确。

火热七月，盛夏流光，第 31 届大运会向我诠释“青春梦想”；时维九月，金秋送爽，烟雨杭州教会我“责任担当”。自 2023 年 5 月以来，我先后参加了大运会联试联调、大运会正式比赛、亚运会测试赛与亚运会正式比赛。在一场场比赛之中，在一支支队伍之间，我与排球有关的一切便开始了……

“Yeah，this team is not very easy.But we did it…”（是的，这个队太不容易了，但我们做到了……）说罢，他的眼眶便湿润了。他不是运动员，不是教练员，而是大运会德国男排的一名队医。记得赛前训练时，他同我们友好地交流道：“由衷地希望小伙子们能顺利拿下每一场比赛，他们的胜利与我同在。”说罢，他的笑靥在一瞬之间恍若抚平了眼角的细纹。从他简短而又有力的话语中，我感受到了无尽温暖与力量。这样的温暖遍布在场馆的每一场比赛中，这样的温暖照耀在每一个悲喜交加的瞬间……在德国队离开场馆前，队医同我击掌。带着我们最友好的祝愿，德国队的表现不负全球排球爱好者的期望。

作为首都体育学院的一名志愿者，宣传首都文化、弘扬首都体育学院精神是我们的责任。至今我仍难以忘怀与巴西队教练换徽章的经历。“Wow，this pin is perfectly unique!”（哇，这个徽章真是独一无二！）他指着北京国际奥林匹克学院的徽章说道。于是，我为他讲解了这枚形似京剧脸谱图案的特别徽章，依照图案，我向他简单介绍了中国博大精深的京剧文化，并介绍了北京国际奥林匹克学院的相关情况。讲解过后，我们进行了友好交换。当把我们的校徽递出去的那一刻，那骄傲感瞬间点燃了我。他接过徽章后反复端详，并表示：“I love Chengdu，and I like you guys!”（我爱成都，我也爱你们！）作为一名首都体育学院学子，那一刻无疑我是骄傲的，那一刻无疑我是幸福的。那一刻，与赛场上的健儿一样，我也“圆了梦”。

运动健儿的梦以手中的排球为媒，而我的梦则因我是首都体育学院学子而圆满。在一场世界级的体育青春盛会中播撒下中国文化的种子，这何尝不是一种幸福？与时代同行，我在蓉城见证青春梦想，我在蜀地共注大运力量。

“坐在计时计分台上，要对你的行为负责。”亚组委裁判老师在我耳畔说的话令我至今难忘。对于排球规则零基础的我来说，场边的这个工作席位象征着沉甸甸的责任，更象征着新的挑战与机会。

亚运会期间，我除了做好本职工作以外，

郭艾在中国轻纺城场馆排球项目进行计时计分工作

更是在“第一现场”学习到了与本专业相关的不少知识。在媒体和访客欢迎中心，当我近距离看到与体育新闻媒体行业相关从业人员的采访、拍摄工作时，我对体育新闻这一熟悉的领域产生了新的认识。与之前的几段实习经历不同，比起坐在办公室撰稿、坐在演播厅跟栏目，这种“直击现场”的模式令我耳目一新。

在赛程中，计时计分台上的我深刻理解到了体育精神中的团结与拼搏，更明白了母校一直以来对我们的教诲“以挑战者精神拼搏创新”言为何意；在比赛过后，混采区与运动员休息区的一幕幕给我上了一堂堂生动的实践课。

透过亚运会这扇窗，我直观感知了体育赛事，我深度读懂了体育传媒。以赛场传播文化，在赛场学习知识，以交流和实践共筑过硬的专业本领。以计时计分台为桥梁，我在全新的领域诠释“责任与担当”；以计时计分台为翅膀，我以专业的视角望向更远的地方；以计时计分台为起点，我在杭州见证亚运荣光，我在杭州见证大国力量。

成长的步伐，从这里开始

何紫妍

何紫妍个人简介

何紫妍，管理与传播学院2021级新闻学专业本科生，在杭州第19届亚运会期间，担任中国轻纺城场馆排球项目计时计分与成绩处理志愿者，主要工作是管理计时计分与成绩处理办公室内的器械，测试软件是否正常运行，在比赛期间打分、打印成绩报表等。

精彩、紧张又有序的大运会和亚运会都已结束，我的助理工程师之旅也画上了圆满的句号。在过去的小半年里，我和众多赛事服务者一样，忙碌地奔波于成都、杭州和北京，这个过程既辛苦又令人快乐。回忆整个赛事服务过程，首先我要感谢学校给我这次加入志愿者这支光荣队伍的机会，这次经历让我有了很多宝贵的体验和收获，成为我人生经历中的重要一环。

在参与亚运会志愿服务的过程中，我在绍兴中国轻纺城排球赛区担任计时计分与成绩处理助理工程师。虽然已经算得上计时计分的一员“老将”，但我丝毫不敢懈怠这份工作，坐在赛时比赛场地（FOP）区的席位上就要担负起对应的责任。为了更好地锻炼每个人的业务能力，我们采用轮班制进行工作排班，每个人都有上手锻炼的机会。在此期间，我学到了什么是团队精神和奉献精神。每一个岗位都要相互配合，想圆满成功地服务好一场比赛，需要我们团队的协作和努力，只有大家齐心协力，才能把事情做好。

作为志愿者，我们不仅仅在提供服务，也在学习和成长。亚运会相较于大运会有所不同，本届亚运会，我们引入了鹰眼挑战技术，这对已经有了惯性思维的人来说更需要注意。每当场上鹰眼挑战的声音响起，我们都要冷静、耐心地应对，尽可能地不让屏幕上有混乱的加减分情况出现。

此外，这次志愿服务让我更加了解和欣赏到亚洲文化的多样性。正如习近平总书记在开幕式欢迎宴会上所讲：“自申办以来，中国认真履行承诺，全力推进各项筹办工作。我们愿同亚奥理事会和各国各地区代表团共同努力，为世界呈现一届‘中国特色、亚洲风采、精彩纷呈’的体育盛会，为亚洲和国际奥林匹克运动发展作出新贡献。”[①]柯桥虽然不算排球比赛的大馆，但仍会聚了许多来自不同国家和地区的运动员和观众。其中令我印象最深刻的要数伊朗队的观众。虽然只是在工作日进行的一场小组赛，但是他们还是带了许多伊朗国旗、条幅，比赛期间加油鼓劲声也不绝于耳。听着他们整齐、有节奏地加油助威，看着他们洋溢在

何紫妍（右）在中国轻纺城场馆排球项目与技术官员合影

① 习近平：《在杭州第十九届亚洲运动会开幕式欢迎宴会上的致辞》，《人民日报》2023 年 9 月 24 日。

脸上的笑容，我的心中深感震撼。每当有中国队的比赛，场馆都会座无虚席。当我们耳边被数千人发自内心的欢呼声、加油助威声包围时，我总是会感叹竞技体育的魅力其实不只体现在赛场上。他们的热情与文化，都让我深受启发。我为能有机会参与其中而感到自豪。

当报销材料一份份交上去，荣誉证书一份份发下来时，我才感觉真的是时候从那场盛大的宴会中醒来了。比赛已然全部结束，而我也将回归平常的生活。总的来说，成为亚运会志愿者是一次非常宝贵的经历。它让我有了很多新的认识和理解，也让我收获了无法用言语表达的感动和快乐。就像参加过盛大的宴会后总是会有些失落，不用再担心比赛相关事宜的我也会突然感觉到空落落的。但我想说，无论未来发生什么，我都会珍视这次经历，把它作为我人生旅程中的一份宝贵财富。

汇聚热爱，奔赴亚运

侯晓雨

侯晓雨个人简介

侯晓雨，管理与传播学院 2022 级公共事业管理（体育管理方向）专业本科生，在杭州第 19 届亚运会期间，担任钱塘轮滑中心滑板和轮滑项目电视字幕志愿者，主要工作是了解每日比赛流程，与导演核对字幕流程，并在比赛节点完成字幕播放，推进比赛直播进行。

秋分时节，桂香气清，钱塘江畔，“莲花”绽放。9月23日晚，第19届亚运会正式开幕，拥有中华五千年良渚文明的杭州，散发着勇立潮头的“数字之光”，向八方来客张开盛情欢迎的怀抱。这一刻，传统与现代、历史与未来、数字与现实同频共振，让厚重大气与轻盈诗意在时空交融中，面向世界奏响“心心相融，@未来”的时代乐章。何其有幸亲身投入亚运，我见证了国家实力的强大，见证了民族自信的风范，见证了智慧科技的便利，同时也收获了一段令我、令我们终身难忘的经历。

从参赛“举步维艰”到办赛“举重若轻”，见证国家实力蜕变。国运兴则体育兴，回溯1990年北京亚运会，中国国力虽有提升却不富足，当时也是中国首次承办大型国际综合赛事，全国人民自发掀起捐款、捐物支持亚运会的高潮，以举国之力办好北京亚运会。而如今的杭州亚运会，以一省之力就办好了国之大事、省之要事，还创下了亚运会史上规模最大、项目最多、覆盖面最广“三个之最”，奉上精彩绝伦的开幕式。这一历史变迁充分彰显了民族复兴的磅礴伟力。

从沉重“金牌负担”到从容“享受竞技”，散发民族自信风范。运动竞技力量是国家在世界舞台上综合国力的展示，在发展不够强盛的时期，需要以金牌扬国威，聚人心，但“唯金牌论”意味着运动员一旦赛场失利就要经历“不能承受之重”。在亚运会赛场上我们见证了一次次精彩的比赛，不仅是从为国争光、振奋民族精神的视角观看比赛，更是真正为比赛的精彩和体育的魅力所折服。这一转变归根结底源于日益增强的民族自信，“平视的一代”有更开阔包容的思维，充分享受体育竞技带来的激情与魅力。

从厚重“文化底蕴”到轻盈“数字之旅”，闪耀时代智慧之光。开幕式以“潮起亚细亚”

侯晓雨在钱塘轮滑中心滑板和轮滑项目转播车内

为主题，借助现代科技将良渚、宋韵、大运河等杭州符号转化成中国式美学的视听盛宴，亚运村的智慧指挥平台、场馆的数智管理舱、自动驾驶智能巴士、一站式数字观赛服务平台“智能亚运一站通”，从终端服务到底层技术应用再到场馆智能化管理，智慧灵动成为杭州亚运会最生动的注脚。

在亲身投入亚运会志愿服务之前，大型赛事于我而言是遥远的，甚至对同我一起服务亚运会的来自五湖四海的同事们来说也都是陌生的。钱塘江的美景并没有缓解我的紧张与不安，但青春就是如此不确定，如此充满挑战。

好在我们心中都有同一个方向——服务好亚运会。我们因亚运会相遇，因亚运会结缘。从初到钱塘江畔的忐忑，到在一次次多方联合彩排中变得思路逐渐清晰起来，人生是场马拉松，心之所向便是光的方向。此刻，服务好亚运会便是我们心中的方向。

在这次亚运之旅中，我主要负责轮滑和滑板两个项目的电视字幕工作。由于项目特殊，每场比赛的规则和种类都是不一样的，这意味着我要在每次字幕工作开始前，先行了解、学习规则，以便更好地配合总导演工作。有时甚至一天举行三类比赛，这就需要我在每场比赛前迅速精准地掌握本场比赛规则，把握好需要上字幕的时机。赛前的一次次联合彩排，让我的字幕工作越来越熟练，完成了长达半个月的字幕工作，成功播放了上千条字幕。从第一场比赛结束后的满手汗水，到后来每场比赛的从容应对，是老师的耐心指导促进了我的成长，是我用时间和经验铸就的成长。

我切身体会到也更加懂得了电视转播工作者的艰辛，不光是字幕员，还有转播车上的导演、慢动作回放员、音频老师、安全保障老师……只有每位老师都非常熟练地操作自己的工作，并且配合得极其完美，才可以很顺利地完成这个没有再来一次机会的工作。当自己的工作成果被播放在场馆内的转播大屏上，播放到千家万户的电视屏幕上，我的自豪感油然而生。

在这段经历中，我不仅体会到了幕后工作者的艰辛，还真正体会到了运动员的伟大。在滑板、轮滑这两个项目中，我看到了 13 岁的崔宸曦在一次次摔倒后依然不放弃，充满自信地完成自己的动作，最终夺得了冠军；我也了解到看似轻松取得成功的滑板选手陈烨，在他高超自如的动作背后是多少个日夜的练习，和多少次摔倒后重新站起的勇气；我更看到了当中国台北队选手获得轮滑冠军后，场外观众席上有人高举中国国旗为他们呐喊的令人动容的场面……在这一刻，体育的魅力远远不止于金牌，比体育本身更有魅力的是体育精神。

缘起，缘未尽。这幅水墨画彼时正在四处散去，消散、沉寂于祖国的每一寸土地。亚运会虽然结束，但亚运精神还在，中华体育之精神还在，万千中华儿女的心中早已种下了闪耀着星星般光亮的种子。山海自有归期，风雨自有相逢。待来时相见，已是顶峰！

筑梦亚运，爱达未来

金璐缇

金璐缇个人简介

金璐缇，管理与传播学院2021级体育经济与管理专业本科生，在杭州第19届亚运会期间，担任拱墅运河体育公园体育馆乒乓球项目电视字幕志愿者，主要工作是检查字幕设备和信息、为比赛实时转播上字幕、赛后传送比赛信息，确保赛事转播顺利进行。

金璐缇在拱墅运河公园体育馆乒乓球比赛场地

从亚运会测试赛到正式比赛，30天志愿者的经历让我难忘。刚来的那几天，我每天都会记录，想要留住这些美好，后来发现，很多东西都难以言表。匆匆忙忙地经历，匆匆忙忙地享受，匆匆忙忙地度过，最好的办法就是用百分之百的努力，用心感受当下的每一分、每一秒。

场馆里的9个球台，承载了每个运动员的梦想，那里既创造着奇迹，也会有遗憾和失意。无数次相持、无数次反转，运动员们做到了“球不落地，永不放弃”的执着与顽强，我也真正理解了乒乓球比赛中的“不到最后一秒，永远不知道结局是什么”的含义。这里生动诠释着体育精神的真谛，他们为梦想挥洒汗水的样子，也深深感染着每一位见证者。或许结局并没有那么重要，因为他们都曾参与过、拼搏过。

转播车是我第二个“家”，也是我为亚运之旅奋斗的地方。9月22日，团体赛是乒乓球赛事的第一场比赛，也是我的第一次转播。经历了数天的实习演练后，实战终于来了，我除了兴奋，更多的是紧张。在导演的带领下，我和同伴提前3小时到场馆，校对字幕信息、测试字幕、连接网络和数据库，一切准备工作就绪。“城市宣传片倒计时十分钟准备，各部门请注意！”随着老师的一声声口令，我也全身心投入到工作中。比赛开始后，每个重要的节点都需格外注意，生怕错上、漏上字幕。第一场比赛在导演的带领下顺利完成，我才松了一口气。

作为一个狂热乒乓球迷，在比赛过程中，我时刻提醒自己此时此刻自己的岗位、任务和职责，我绝不是一名充满激情的观战者，绝不能随着比赛的起伏和节奏分神。

到了比赛后期，单打、双打交错进行，赛制也有所变化，连续比赛对我们是更大的考验。于是，我和我的搭档分工合作，一人负责单打，一人负责双打，每场比赛前，我们在字幕机上将需要的字幕调整到熟悉的位置，这样的分配使我们在多项赛程中依然保持头脑清晰。而后的11天赛程，数十场比赛，有时会连轴转，随着我越来越熟悉流程，在完成工作的同时也掌握了很多技能。字幕导演严格却不失温和，给了我很多鼓励和力量，当她的手拍在我的肩膀上时，也是我最安心的时候。

倒班时的休息室是最轻松的地方。后勤老师总会热情地招呼我们去吃饭，也会在饭后给我们装好几袋子零食。结束工作后，大家也常常坐在那里探讨赛事、交流经验，偶尔也会天南海北地聊聊天、调侃几句。在这里，有了家的温暖。

我曾在电视屏幕前无数次观看体育赛事，奥运会、亚运会、世界锦标赛……大声尽情地为运动员们加油喝彩，却从没想过每一场比赛的呈现，幕后团队要付出如此之多的努力，更别说要承办整个赛事的国家了，其中蕴含着宝贵的团结协作精神。

本届亚运会中国代表团获得383枚奖牌，其中有201枚金牌，奖牌数和金牌数都位居榜首。当鲜艳的五星红旗一次又一次冉冉升起，当国歌奏响的时候，我为自己是一名中国人而骄傲。体育赛事的魅力不仅仅在于竞技，还可以凝聚起中华民族的爱国之情。此外，体育赛事还是一种重要的文化活动媒介，促进了国际文化交流，提升了国家软实力。最重要的是赛事传播的体育精神深深地鼓舞着我们，不仅有场上的奋力拼搏，还有屏幕背后的精彩。

我会一直怀念这段压力与动力并存的日子，在这里经历的每一分每一秒，都是我未来路上最大的力量。

一代人的里程碑，一代人的起始点

林　涵

林涵个人简介

林涵，管理与传播学院2022级电子竞技运动与管理专业本科生，在杭州第19届亚运会期间，担任杭州电竞中心电子竞技项目电视字幕志愿者，主要工作是电视字幕的编辑和播放。

风从东方来，潮起亚细亚。在这个美好的收获时节，杭州第19届亚运会成功举办，我有幸能够参与其中，见证了这个精彩的体育盛事。

我在杭州亚运会志愿服务中担任电竞项目的电视字幕助理工程师，除了摄像机拍摄的影像以外，电视机前观众所看到的其他东西都是经过我这个岗位添加上去的。

最开始，我对这个工作懵懵懂懂，之所以去面试，是因为本届亚运会有和我专业十分密切的项目——电竞，我想去看看在这个亚洲规模最大的综合性运动会上，电竞项目的比赛是如何进行的。实际接触后我发现，电竞比赛并没有书本里或平常专业实践中那么容易，它是无数人花了20年才绽放出的一朵瑰丽花朵。

在操作培训和赛前调试的半个月里，我了解到：每条字幕的出现时间是以秒为单位计算的，而它的出场动画和形状则是以帧和像素为单位衡量的。作为将画面呈现给观众的最后一个环节，我需要适时地调整，这关系到比赛直播的各个部门，不论是哪里出现问题，最终都会呈现在我负责的这个环节上。所以“遵守规则、积极沟通”这一宗旨，从我在新奥特公司接受培训之初，到杭州电竞中心进行赛前调试，再到亚运会正式比赛进行时，从培训老师到项目负责人，再到每个环节负责的具体工作人员，大家一直挂在嘴边，相互提醒。那时，我也拿出了“重回高三”的态度和决心，一定要把电视字幕系统操作流程练熟。

开赛的第一天，我所在的场次并没有直播，但字幕流程还是要正常进行的。我在前一天测试字幕的时候，发现字幕机输出信号由原本设置的59.94掉到了30，导致字幕失帧，而在比赛开始后，这个问题也没有得到解决。我慌了，以为我第一次上字幕就出问题。但我的流程导演很冷静，他首先跟流程控制员汇报了此事，然后根据规则，决定把我的传送字幕由动画字幕转为定格字幕。待第一场比赛结束后，仍未找出问题，不过字幕可以正常展出（指可以播放动画但会失帧。如果传输信号不匹配，字幕动画则无法呈现）。

亚运会电竞项目在央视的第一场直播是王者荣耀亚运版本中国队对战泰国队的比赛。那一场开始的时候，我按部就班地6点到达场馆做最后的调试，因为许多的问题在之前测试赛和各种调试中都已经解决，整体流程可以说是万无一失，我甚至在调试完毕后在导播间小憩了一会儿，可能就和高考一样，当你经过了数次模拟考之后，再去参加真正的高考就会镇静很多。但当完成了所有的直播流程后，我掉下了眼泪，看着央视频上数万的观看人数，我当时紧张得心脏疼，因为这场直播无数人等了20年啊，终于等到了那一句：“观众朋友们大家好。”

20年，弹指一挥间，人生有几个20年？如今我也才不到20岁，我的青春才刚刚开始，前辈的20年已经过去，我们新一代电竞人的这20年即将到来，水火未济，事业未竟。

林涵在杭州电竞中心电子竞技项目进行电视字幕转播

亚运桐庐，“马”上精彩

刘坤祎

刘坤祎个人简介

刘坤祎，管理与传播学院2021级新闻学专业本科生，在杭州第19届亚运会期间，担任桐庐马术中心马术项目电视字幕志愿者，主要工作是检查修改电视字幕模板以及在赛时播放电视字幕等。

三秋桂子，十里荷花。杭州正如同诗中所说的美如天堂一般的地方，其中桐庐县更是被誉为中国最美的县。本届亚运会，我有幸参与马术这一项目，其间作为助理工程师走进桐庐马术中心，心中泛起别样的涟漪，激动伴随着紧张，但面对复杂而又繁重的工作，更多的却是担忧。

马术作为一个相对小众的项目，我在此之前并没有过太多的了解，而作为本次马术比赛电视字幕的操作人员，我要对比赛的规则有清晰的了解，这无疑对我是一个很大的挑战。开赛前，我与老师检查、修改电视字幕的模板——这并不是一个轻松的任务。当我看到工作群中不断问问题、完善字幕模板的其他同学逐渐没有了声音，我依旧对眼前不完美的马术字幕不知从何下手。本届亚运会的马术比赛的赛制和许多细节都与别的比赛不同，所以在接下来的一周时间里，我们不断地检查与修改。在一天将近七个小时的工作时间里，我的任务就是一遍遍核对、检查这些字幕是否符合要求，但每次测试都有不完美的地方，这让我和字幕老师几近崩溃。所幸，在我和老师的努力下，这套模板终于有了能出现在电视屏幕上的样子，但真正的比赛还没有开始，字幕能否正常运行就像大石头压在心头。

终于，我期待已久的合作伙伴转播团队顺利到达桐庐马术中心，第一次见到转播车的我如同刘姥姥进大观园一般对什么都充满了好奇。正式比赛进入倒计时阶段，所有人整装待发，这时设备的损坏绝对是个意外“惊喜”——字幕机无法与转播车成功连接。在比赛前出现这样的问题让所有人都很紧张，如果无法快速解决，比赛直播将无法进行。在多次测试无果后，老师决定更换字幕机器与电脑。时间紧迫，在老师不断的检查、尝试、询问中，那一天很快就结束了。第二天，远在其他场馆的老师带着设备赶来，解了我们的燃眉之急。

刘坤祎在桐庐马术中心马术项目进行电视字幕转播

经过了很多天的准备和学习，我自认为已经能熟练地掌握字幕操作，但比赛的第一天我依然后背发凉，手心冒汗，眼睛紧盯着屏幕一刻也不敢松懈。字幕老师和转播团队的老师们一直鼓励我。慢慢地，后面的比赛我越来越游刃有余。比赛前，因为一直不太熟悉流程，导致我的所有操作都很紧张，如此之快的比赛节奏让我感觉很慌乱，但掌握了诀窍后，我发现上字幕的时间并没有那么紧迫，也不再手忙脚乱。

中国队在马术中心获得了三块奖牌，分别是盛装舞步团体银牌、三项赛团体金牌以及三项赛个人金牌，这是历史性的突破。在转播车上多机位地观看比赛，这可能是我这一生都不会再有的经历，我从未如此目不转睛地观看一场比赛。见证中国队取得好成绩的那一瞬间，我的血液也跟着沸腾。通过摄像机传来的画面，看着五星红旗冉冉升起，在蓝天的映衬下格外耀眼，我的内心难以平静，兴奋不已，这是我从未有过、会铭记一生的独特的激动

回首过往，我无数次回想杭州亚运会的样子，我无数次回想中国夺冠时大家激动的模样。几十年后或许我会再度回想起杭州亚运会，或许我无法准确回忆起运动员的名字，或许我已经不那么清晰地记得中国在奖牌榜的排名，但亚运精神会一直索绕在我的心中，无法忘怀。亚运之气息，无处不在，翘盼祖国未来繁荣昌盛！

“雨”杭州，遇亚运

任雅楠

任雅楠个人简介

任雅楠，管理与传播学院2021级新闻学（奥林匹克冰雪方向）专业本科生，在杭州第19届亚运会期间，担任杭州奥体中心体育场田径项目评论员解说系统（CIS）志愿者，主要工作是赛前布置成绩系统、赛中核对网页成绩，保障成绩系统正常运行。

“东南形胜，三吴都会，钱塘自古繁华。”在我自小朗朗诵读的诗歌里，就有许多描绘杭州的诗句，但也仅仅止于书角一隅，并未走出白纸墨香。2023 年 8 月，我如愿到了杭州，成为一名保障杭州第 19 届亚运会顺利进行的工作人员，我感到十分幸运。

我的这段亚运会之旅其实分为两段。8 月中旬至 9 月初的这半个月，我先到了杭州进行实地培训演练。我负责的项目是田径，在主场馆“大莲花”。到那里的第一天，由于许多工作还没有安排好，所以我们难得有一个空闲的机会，于是我立刻动身前往西湖。

那是一个蒙蒙的阴雨天，小雨绵绵地打湿了衣襟。不同于北方动辄瓢泼大雨，杭州的雨柔情婀娜，不经意间将人淋了个透心凉。“水光潋滟晴方好，山色空蒙雨亦奇。欲把西湖比西子，淡妆浓抹总相宜。”儿时学过的诗句还停留在脑海，直到我冒着微雨走近西湖才真真切切地感受到了雨中西湖的烟波浩渺，细雨中摇曳的荷叶、氤氲雾气中的亭檐、树梢上休憩小眠的白鸽、服装各异的行人……清新的空气充盈着我的五脏六腑，我对杭州的印象由虚入实。

接着就是在“大莲花”的培训阶段了。负责培训我的老师是一位 30 岁上下的温柔姐姐。在最开始的时候，我对于怎么依靠一根网线连接两台电脑的网络一窍不通。于是她给了我一份清单，让我照着上面的指示熟悉电脑命令。“这些你们都要学会，正式比赛的时候只有你们自己，我还有别的工作。”听到这句话，一股责任感和紧迫感涌上我的心头，我和另一位同学更加认真，丝毫不敢有所懈怠。在

任雅楠（右一）在杭州奥体中心体育场田径项目与技术官员和志愿者合影

练习了不知道多少遍后，我们两个已经能够十分熟练地操作电脑，连接22台电脑网络、完成评论员解说系统（CIS）的布置、更改URL端口……所有我们需要用到的技术都已了然于胸、尽在掌握了，也就在这个时候，我们的第一次实地培训结束了。

金秋九月，我再次赶往杭州，准备迎接亚运会的到来。时隔一个多月再次踏足“大莲花”，我的心情与上次截然不同。九月末的“大莲花”场馆里已经布置好了开幕式所要用到的道具，安保系统全新升级，十分严格。幸运的是，身处成绩处理室的我每天上班都能实时看到开幕式演员们排练的场景，他们不辞辛苦、风雨无阻。而我也和来自各个公司的工作人员共处一室，在正赛到来前一遍遍查漏补缺，确保正赛时零失误。当时的“大莲花”就像是一个巨大的系统，每名工作人员都各司其职，构筑起一个严谨高效、运行流畅的人工网络。

正赛到来的第一天，我们都十分紧张。来自亚洲各国的田径运动员齐聚一堂，无数人的视线齐刷刷地或是盯着屏幕，或是盯着现场。作为备受关注的成绩系统的工作人员，我们生怕因为一丝失误导致赛事受到影响。在赛前，我认真检查了放置在场馆各处连接成绩系统的电脑，然后在赛时一边紧盯主机成绩系统页面是否实时刷新，一边核对现场成绩是否与传输时一致。在比赛的七天中，我们的精神高度集中。其间也会有成绩传输不及时的状况，来自日本的评论员一个电话打过来，我们就得赶紧联系上级询问情况，向他们说明原因。也正因如此，我学会了好几个体育赛事中会用到的英语专业名词，也听到了来自日本评论员用中文表达的“谢谢”。

比赛日在高度紧张的情绪中迅速度过，刚适应好早七晚十的作息，我就坐上了返回北京的高铁。四个半小时一闪而过，直到到了学校大门口，拎着行李箱，我还恍惚间觉得自己第二天还要坐上晃晃悠悠的班车打开成绩处理室的大门，坐在白色塑料椅上对着电脑核对运动员人名和成绩。

为亚运会服务的这段时间满打满算也不过一个月，但却给我留下了无比深刻的回忆，不仅有西湖的十里荷塘，还有“大莲花”的激动紧张和人声鼎沸……

同心向亚运，共赴亚洲盛会

孙伊暄

孙伊暄个人简介

孙伊暄，管理与传播学院2021级公共事业管理（体育管理方向）专业本科生，在杭州第19届亚运会期间，担任拱墅运河体育公园体育场曲棍球项目评论员解说系统（CIS）志愿者，主要工作是管理评论员系统，实时跟进比赛成绩。

杭州第19届亚运会于2023年9月23日正式开幕。习近平总书记在开幕式欢迎宴会上的致辞中提出，亚洲是人类文明的重要发祥地，创造了璀璨的文明。亚洲运动会是亚洲规模最大、规格最高的综合性运动会，具有重要的体育、政治和经济意义。通过本次亚运会的举办，杭州大力提升了城市形象，推动了城市发展，加强了国际交流合作，也向世界展示了中国的经济实力和综合国力。

杭州亚运会作为一个重要的国际体育盛会，为亚洲各国的运动员提供了一个交流竞技的平台。同时也促进了杭州乃至整个中国经济、文化和旅游的发展。亚运会的举办为杭州带来了新的机遇和挑战，推动杭州成为一个更具活力和国际影响力的城市。

参与杭州亚运会是一次令我非常难忘且难得的志愿经历，让我深刻地感受到大型赛事志愿服务的意义和重要性。

我所在的岗位是曲棍球项目评论员系统助理工程师，由阿里云负责管理。这个岗位需要我们为现场的解说老师调试好电脑数据库和评论员系统网页，可以正常接收计时计分组传过来的成绩数据，为解说老师提供方便、快捷、高时效性的比分数据。

体育场内包括我自己监测的评论员电脑共有七台，分布在我所在的成绩处理室、评论员席以及转播机房。为确保机器每天都可以正常运转，我每天早上到场馆的第一件事就是打开我所监测的电脑并运行程序，同时进行各方位的检查。紧接着，我要到电脑所在的各个点位例行巡检。刚开始，我请求场馆的网络总负责老师带着我去，这可以让第一次进行巡检工作的我显得不那么不知所措。一回生二回熟，等到第三天，老师便放心地把这项工作交给我一个人去做，有了前两次的经验，我也自信了起来，面对解说员和转播老师也都更加从容淡定，和他们沟通交谈并解决一些系统页面的操作问题。这不仅锻炼了我的沟通能力，还增强了我的责任感，也让我在今后的工作中更加富有责任心。

还记得有一天下着大雨，转播机房的老师们也在开会，我第一次出办公室时有些着急没有带雨伞，去的时候没有老师在，也没有开门，第一趟我淋了雨扑了空。后来每隔半小时我便拿着雨伞去看一次。那天早上，我穿梭在成绩处理室和距场馆有些距离的转播机房之间，等待着转播老师们结束会议，我进去排查电脑问题。好在开赛前半个小时，老师们开完会，我也顺利完成了当天的例行检查。除了每天早上，每场比赛之间我也需要不定时地去检查所有评论员系统的电脑，确保评论员老师可以顺利进行解说工作，保障比赛平稳顺畅进行。

还记得有一次成绩主管有事，在需要她去找外国技术官员签字的时候我们都找不到她，这时计时计分主管临时派我去和官员沟通签字，面对他的期待和信任，我鼓足勇气敲开了官员办公室的门。于是从那以后，除了我的本职工作，我有时还需要和外国技术官员进行沟通，让其在成绩报表上签字，感谢主管们和同学们的信任，这也锻炼了我的英语口语以及敢于直接和外国技术官员对话的勇气。

所有人都在为亚运会服务，所以不用害怕出错，也不会有人去计较你的错误，只会提醒你、帮助你，让你减少错误的发生，从而使工作越来越顺利。

总共14天的曲棍球赛程转瞬即逝，与同学和老师们朝夕相处的这些天，除了工作，我也收获了快乐。落笔之时，头脑中的回忆不断涌现：是每天早晨互相提醒出发时间；是午饭时间的一句“我帮你盯一会儿，你先去吃饭吧”；也是每天下午犯困时，递到手边的那杯咖啡……每天的这些点点滴滴使我们的关系愈发密切，工作上也更加默契，沟通也越来越高效。

孙伊瑄在拱墅运河体育公园体育场曲棍球项目进行赛前检查

杭州亚运会圆满闭幕，始于秋分，终于寒露，我们收获了荣耀和友谊，也见证了热爱与拼搏。最后的最后，借用苏轼的诗词：“天涯流落思无穷，既相逢，却匆匆。”很荣幸可以在大三第一学期参与到如此盛大的亚洲体育盛会当中，前前后后的时间虽仅仅两个多月，但从中我真真切切地感受到了体育带给所有人的热情。和体育科技公司的老师们、当地的学生志愿者们、外国技术官员们以及这场盛会刚刚相逢，又匆匆别离，不知是否还会有机会再见面，但我会永远记得这次难忘的经历和可爱的人们带给我的感动。未来我也会继续努力争取体育盛会的志愿服务机会，在志愿服务工作中继续发光发热，以青春之名，奉献青春力量。

传承工匠精神，以青春之力点燃亚运之梦

田明杨

田明杨个人简介

田明杨，管理与传播学院2022级公共事业管理（体育管理方向）专业本科生，在杭州第19届亚运会期间，担任杭州奥体中心网球中心场馆网球与软式网球项目电视字幕志愿者，主要工作是赛前检查字幕内容是否正确、赛时配合转播老师上字幕。

2023 年 9 月 23 日，杭州第 19 届亚运会正式开幕。习近平总书记在开幕式欢迎宴会上的致辞中提出："亚洲是人类文明的重要发祥地，创造了璀璨的文明。亚运会设置了诸多富有亚洲特色的比赛项目，为体育和文化交相辉映提供了舞台，是亚洲文化兼收并蓄、博采众长、充满活力的生动写照。我们要以体育促包容，增强文明自信，坚持交流互鉴，续写亚洲文明新辉煌。"①

我很荣幸有机会参与本届亚运会的志愿服务工作，作为网球与软式网球两个项目的电视字幕系统（TVG）工作人员，我主要负责转播区的相关内容。这项工作需要我高度集中注意力，确保将正确信息和图像准确地提供给观看电视及网络直播的用户。

亚运会网球与软式网球项目的筹备过程充满了挑战与机遇。初到场馆时，我对网球这个项目还不是很了解，于是与同组的人员一起学习网球比赛的规则与流程，保证所有工作步骤和内容都烂熟于心。但当我真正坐在操作机器前工作时，紧张的情绪逐渐蔓延至全身，在恒温 20℃的转播车里的我全身是汗，转播完成时我长吁了一口气，庆幸自己没出差错，悬着的心可以放下了。在之后的工作中，我不断提高自己对工作内容的熟练程度，也与同行的工作人员提高了默契程度。在工作过程中，我更加深刻地体会到了一名出色的电视字幕工作人员需要具备出色的组织能力、沟通能力和应变能力，感谢忙碌的工作让我学会了如何处理各种复杂情况，同时也明白了团队合作的重要性。

负责亚运会网球项目给我提供了与国际高水平选手接触的机会，我从他们身上学到了许多专业知识、技术技巧和职业态度。令我印象最深刻的是一场男单比赛，中国香港选手对阵印度选手，这场比赛历时三个小时，是我服务亚运会期间工作时间最长的一场比赛，这对我来说是一种考验。在转播车看着屏幕画面，运动员在体力几乎耗尽的情况下仍不丢掉任何一个得分机会，这种精神激励了我，让我更加热爱网球、热爱体育精神，也更加珍惜每一个学习与成长的机会。

此外，亚运会也带来了无与伦比的体育氛围。网球男单决赛，由中国选手张之臻对阵日本选手绵贯阳介，女单决赛则是中国的"内战"，由郑钦文对阵朱琳。观众们为运动员加油助威，他们热情洋溢，展现出了对体育的热爱和支持。最终，张之臻以 2 ∶ 0 获得亚运会网球男单冠军，郑钦文获得女单冠军，朱琳获得女单亚军，为中国代表团添了两枚金牌和一枚银牌。颁奖典礼上，看着五星红旗冉冉升起，听着《义勇军进行曲》奏响，在屏幕前的我不禁泪湿眼眶。这种团结、激情和自豪的氛围感染着每一个人，使我们更加坚定地相信体育的力量和价值。

我在杭州工作的这段时间里，全程参与比赛的转播工作，领略到了何为工匠精神。网球和软式网球项目的顺利进行离不开各个部门工作人员和志愿者的共同努力，与他们一起工作让我深刻理解到团队的重要性。大家密切合作、互相支持，共同克服了许多困难，为观众

① 习近平：《在杭州第十九届亚洲运动会开幕式欢迎宴会上的致辞》，《人民日报》2023 年 9 月 24 日。

田明杨在杭州奥体中心网球中心场馆网球与
软式网球项目进行电视字幕转播记录

呈现了一场精彩的比赛。每个人都发挥出了自己的专长，形成了有序、高效的工作状态，他们的专业度、专注度、责任感都令我难以忘却，这种工匠精神已然在我的心底发芽。同时，我也非常感谢所有帮助过我、教导过我的团队伙伴和志愿者们。作为亚运会的工作人员，我深感责任重大。我们的工作不仅是为了成功举办一场顶尖体育盛事，更是为了展示杭州的魅力和中国的实力。我也深刻认识到自身作为一名工作人员的责任，要不断学习、提升自己的素质和能力，为亚运会的成功举办作出积极贡献。

这次亚运之行让我获得了很多宝贵的经验和感悟：是初来乍到时，面对的挑战和把握机会；是看到中国选手在赛场上拼搏时，我油然而生的自豪；亦是团队中每一位参与者的言行中渗透的工匠精神……这些经历不仅让我更加热爱网球，也让我更加热爱体育事业。我相信，通过这次宝贵的经历，我将在未来的工作和生活中继续发光发热，为推动体育事业的发展贡献自己的力量。作为新时代背景下成长的我们，作为新的青春力量，我们用知识武装自己、用行动服务社会、用文化传承民族精神、用开放的心态参与国际交流，我们是新时代的见证者和参与者，我们将以自己的力量推动社会的发展，为实现中华民族伟大复兴的中国梦贡献青春力量。

我的亚运记忆

王颢霏

王颢霏个人简介

王颢霏，管理与传播学院2021级新闻学（奥林匹克冰雪方向）专业本科生，在杭州第19届亚运会期间，担任临平场馆排球项目评论员解说系统（CIS）志愿者，主要工作是在场馆评论区、电视转播车、解说席保障设备正常运行，处理突发事件。

秋分时节，桂香气清，钱塘江畔，“莲花”绽放。9月23日晚，第19届亚运会在浙江杭州盛大开幕。能以赛事服务人员的身份见证这场盛会，我无比自豪。1990年，中国首次在北京举办亚运会，开启承办大型国际体育赛事的先河。2010年，中国再次举办广州亚运会。13年后，杭州成为亚运会主办城市。33年间，亚运会见证了中国体育事业的蓬勃发展，也记录下中国坚定有力的前进步伐。中国也始终没有忘记作为亚洲大国、世界大国的社会责任，积极支持亚洲人民强身健体和精神提振。

“上有天堂，下有苏杭”，亚运会的主要举办城市——杭州早已蜚声海外，这里曾被13世纪大旅行家马可·波罗描述为“世界最美丽最华贵天城”。于我而言，杭州是亚运的代名词。从完成赛前准备到正式比赛，我们乘坐高铁两次往返北京、杭州之间。亚运会的赛事服务更新了我对杭州的印象：初秋，无论是上班路上还是行走在场馆间，你都能体会到杭州的“热情”。当然这种热情不只体现在天气上，更体现在杭州人民的话语中，对于亚运会的工作人员，他们不会吝啬自己的赞美和感谢，让人觉得无比亲切。

王颢霏（左）在临平场馆排球项目进行信息数据核对

在为亚运会服务的日子里，我见证了各行各业、形形色色的人们都在为亚运会的顺利举办贡献自己的力量。他们是热情澎湃拍摄宣传片的广场舞阿姨，是风雨无阻坚守岗位执勤的警察，是日复一日训练的“快擦手”。谁说青春只属于年轻人，青春是取之不竭的动力，是无限的可能。青春属于每一个拼搏的人。评论系统助理工程师的工作需要在赛前、赛中保障场馆内设置的客户端正常运行，所以每日的巡检工作必不可少。办公室、转播车、解说席……那些在场馆奔走的日子里，我更像是一个记录者，亲眼见证每一场比赛顺利进行的背后，有着工作人员的辛苦付出。作为首都体育学院的学子，在这次比赛评论员系统助理工程师的岗位上，我深入学习了系统操作，从课堂走进赛场，观摩解说员是如何工作的，受益良多。

在赛事服务中，我不仅提升了自身技能，也切身体会到了“这是一次难得的促进亚洲人民交流的新机遇”的含义。在工作中，我们和外国技术官员交流，在赛场下，我们与各国运动员互动。这些都让我感受到了亚洲人民间的和谐相处。运动员们会为了你的鼓励频频感谢，教练员也会亲切地和你聊天。最让我印象深刻的是，在比赛结束后的某一天，一起工作的技术官员发来了他回到自己国家的照片，向我们表达感谢。我们因体育相聚，因共同奋斗而亲如一家。

在临平体育馆排球赛场，我见证了每一场排球比赛，感受到了运动员身上顽强拼搏、勇攀高峰的体育精神。我们作为新时代青年，应传承中国体育精神，从杭州亚运会中汲取智慧力量，以梦想为帆、以奋斗作桨，在全面建设社会主义现代化国家、以中国式现代化全面推进中华民族伟大复兴新征程上，谱写青春乐章。

指尖舞字，屏映乒乓

王　蕊

王蕊个人简介

王蕊，管理与传播学院 2021 级经济与管理（奥林匹克冰雪方向）专业本科生，在杭州第 19 届亚运会期间，担任拱墅运河体育公园体育馆乒乓球项目电视字幕志愿者，主要工作是为比赛实时转播配发各种字幕，确保转播工作正常进行。

作为一名首都体育学院在校学生，我非常荣幸能够参与杭州2023年亚运会的志愿服务工作，成为亚运会乒乓球和霹雳舞项目的电视字幕助理工程师。这是一次难得的机会，也是一次对自己能力和精神风貌的考验。

在志愿服务之前，我接受了相关技能培训，了解到电视字幕助理工程师的职责和工作流程。虽然这是一项较为细致的工作，但我并没有因此感受到压力，相反，我充满了热情和信心，希望能够在这个岗位上作出自己的贡献。

随着时间推移，正式比赛到来了。那段时间，我和字幕组成员每天都会提前几个小时到达北京电视台的转播车，启动字幕机，进行字幕模板检查与当天比赛名单相关数据的核对，确保字幕语言表达准确、简洁、易懂，并且符合转播的要求和规范。

在整个转播制作过程中，我的岗位需要密切配合制作组其他成员，包括导播、摄像师、音频师等，以确保每个环节都能顺利进行，同时还要及时妥善处理各种突发情况。

犹记得比赛第一天，那是一个阳光明媚的早上，转播车上全体工作人员准备完毕，等待即将到来的第一场比赛。心怦怦地跳动，我知道，自己即将面临的是一场高强度、高压力的战斗。随着显示屏最上方的卫星倒计时一帧一帧地变化着，我不由得握紧拳头。等倒计时一结束，信号一同步，我知道工作已经开始。在此期间，我的视线始终盯着眼前的屏幕，不敢有一丝走神，上面同步显示着正在直播的比赛画面，我需要及时地配发字幕，让观众能够准确地看到比赛实时情况和相关字幕信息。

在整个比赛过程中，字幕导演和转播导演都坐在我的身边，一般情况下，我会听从字幕导演的指令，也要关注转播导演那边的屏幕切换，确保字幕配发在合适的位置。我们三个人之间的默契配合显得尤为重要。转播导演时刻关注着直播画面的变化，根据比赛的进程和需要，及时地向我和字幕导演发出指令，让我们能够及时地配发字幕。他的手势和眼神成了我们之间沟通的重要方式，同时我也需要时刻保持警觉，准确地理解他的意图。

有一场比赛让我印象深刻，那是一场乒乓球男子单打小组循环赛。我通过字幕机屏幕中的画面，如同身临比赛现场，看到两名来自不同国家的运动员对阵。通过现场机位传来的超清个人特写，我能清晰地看到他们的神态表情。赛场上的运动员，手紧紧地握着球拍，脸上满是紧张的表情，眉头紧皱，嘴唇紧闭，心中仿佛在默默地祈祷着。而在他对面的运动员则显得更加冷静，十分专注，犀利的眼神仿佛可以洞穿对手的每一个动作。一个个赛点接连到来，进入了加分赛，双方激烈竞争，互不相让，我的手也在“Game Point”（赛点）那个字幕键上反复移动，确保每次都标注在了正确的人名上。

每一次击球都让球台上方的运动员身体更加紧绷，与此不同的是，他的运动表现却越来越出色，完美的一个削球瞬间将局势逆转。不过几个回合，全身紧张的状态再度让他疲惫不堪，汗水不断地从脸上流淌下来，呼吸也变得急促。此时此刻，他却依然坚持着，为了胜利全力以赴。

“16 ：14！终于打完啦！”位于球台上方的运动员最终取得了这场比赛的胜利。通过

王蕊（左）在拱墅运河体育公园体育馆乒乓球项目进行电视字幕转播

画面，我看到了他脸上的喜悦神情和嘴角的笑容，眼神中透露着兴奋和激动。在观众的欢呼声中，他高举球拍，向四周挥舞着，庆祝着自己的胜利。这一刻，我捂着嘴，激动的眼泪随之涌出，我仿佛亲身经历了这场比赛。

短短几天的转播工作，我和转播电视台之间默契配合，也让我深刻地感受到了团队合作的力量。我们不断地交流与沟通，相互之间的信任和支持让我们能够快速处理比赛期间的突发情况，顺利完成转播工作。

通过这次志愿服务，我不仅锻炼了自己的专业技能和工作能力，还深刻体会到了团队协作和沟通的重要性。在这个过程中，我结识了许多志同道合的人，与他们一起分享工作和生活的点滴，也让我更加深入地了解了亚运会这类大型体育赛事背后的工作。作为一名亚运会乒乓球项目电视字幕助理工程师，我深刻体会到了志愿服务的意义和价值。

时至今日，那些工作时的美好画面，还会时不时地在我脑海中浮现，就像和煦的微风，记忆里温馨的影像是那么清晰，让人心情舒畅。在以后的日子里，我也会带着这段难忘的经历，继续保持昂扬向上、朝气蓬勃、勇于担当的精神风貌，为实现自己的梦想和目标而努力奋斗、砥砺向前！

亚运有我，未来有我

谢　璇

谢璇个人简介

谢璇，管理与传播学院2021级体育经济与管理（奥林匹克冰雪方向）专业本科生，在杭州第19届亚运会期间，担任临平体育中心排球、空手道项目电视字幕志愿者，主要工作是赛前字幕内容检查、赛时电视字幕播报、赛后比赛信息传送、保证比赛转播工作正常进行。

谢璇在临平体育中心空手道项目进行电视字幕转播

2023年9月23日，第19届亚运会在杭州盛大开幕。从“江南好，最忆是杭州”到“山外青山楼外楼，西湖歌舞几时休”，有“接天莲叶”也有“山色空蒙”，是“武林”亦是“天堂”，无数文人墨客在此留下传奇佳作。杭州是中国第三个取得亚运会主办权的城市，这无疑与其深厚的历史底蕴息息相关。

作为首都体育学院的学生，我很荣幸有机会参加本届亚运会，并贡献出自己的青春力量。我的工作场馆在杭州市临平体育中心，这是一个以“丝绸”为灵感、以“一带一路”为设计理念的综合性体育场。我的岗位是电视字幕工程师，负责排球和空手道项目。这个岗位的职责是在比赛转播时进行字幕操作，如赛前传送信息、场地介绍、竞赛单元赛程等，赛时双方对阵、比分、技术统计等，以及赛后比分、下次传送、精彩集锦等内容。

这项工作看似简单，却对细节把控有着极高的要求。

一是与字幕导演的沟通交流要充分。比赛时局势瞬息万变，字幕也不能一直死板地跟着流程单走，字幕导演会根据比赛的具体情况决定上不同的字幕。每个项目的转播都由不同地区的电视台负责，很幸运的是与我共事的电视台是来自家乡的重庆电视台，转播车上每一位转播老师都很友好，大家工作时常说方言，我毫无压力地融入进去，工作效率大大提高，工作氛围也轻松愉悦。

二是要全神贯注，时刻保持严谨的态度。字幕的传送要求“快准狠”。“快”就是字幕导演一声令下就要及时上字幕，如排球项目的技术统计，上晚了可能就会导致数据失去准确性。“准”就是无论任何情况都要保证数据和内容的准确性，尤其是比分、国旗等信息，因此每次赛前两小时我们都会认真检查一遍字幕内容，如比赛时间、对阵双方的国旗和名称等，防止出现差错，字幕可以不上，但一定不能出错。“狠”就是字幕操作不能拖泥带水、手忙脚乱，在工作过程中不可能完全不出错，重要的是及时止损。刚开始比赛上字幕时，我因为紧张怕出错而手脚冰凉，有时手会不受控制地发抖，在这种状态下出现了一些小问题，但后来我放松下来，对操作越来越熟悉，逐渐得心应手、游刃有余。

排球和空手道这两个项目我都不陌生且都学过，因为其中一个是首都体育学院的大学生体育专项课程，另一个是学校的公选课。因此在比赛过程中，我时不时能解说上两句，虽谈不上专业，但这使我倍感荣幸，曾经学过的东西被切切实实用到了实处。在转播车的高清屏幕上，看着排球运动员们精彩绝伦的比赛、空手道运动员洒脱有力的动作，我对这两个项目有了更深的理解和体会。

排球是一个永远积极向上看的运动，同时也永远不是一个单人运动，只要球未落地，比赛就不会结束。令我印象深刻的是，在比赛过程中，有很多球看似已经没有得分的希望，但球未落地，裁判还没吹哨，运动员仍会向球飞奔而去，奋力鱼跃接球，所有人盯着排球，没有一个人松懈，球又重回场地，队员配合反转得分。这让我感悟颇深，类比我们的日常学习生活，哪怕再绝望的情况，只要愿意去拼、去争、去抢，或许就会有一丝光亮，再多坚持一下，或许黑暗就会被驱散。

这次亚运会志愿之行使我受益匪浅，作为一个专业体育院校的学生，我们未来的路还十分漫长，肩负的责任和使命也无比重大。亚运会是亚洲各国和地区运动员展示自己的盛会，同时也是中国青年展现风采的舞台。在未来的日子里，我们仍要以饱满的姿态积极面对，以挑战者精神拼搏创新，未来有我！

缘聚富春江畔

袁慧珊

袁慧珊个人简介

袁慧珊，管理与传播学院2021级新闻学专业本科生，在杭州第19届亚运会期间，担任富阳水上中心场馆赛艇、皮划艇项目评论员解说系统（CIS）志愿者，主要工作是测试软件是否正常运行、导入并传输数据、管理比赛成绩、检测成绩、同步成绩给评论员等。

江南好，风景旧曾谙。江南忆，最忆是杭州。

亚运会赛艇、皮划艇项目的举办地位于杭州市富阳区，这里地处浙江省西北部，富春江下游，尤以山水众多而闻名。说起山多，我仍记得第一次乘车去往富阳区的路上，驶过了一个又一个隧道，司机师傅告诉我们，为了服务亚运会，这些隧道近两年陆续修缮完成，不仅拉近了与杭州市区的距离，还推动了富阳的旅游业。这就是"办好一个会，提升一座城"。穿过群山，空气中弥漫着阵阵江水气息，山水环绕的感觉与我印象中的江南景象相差无几。

徐徐微风轻起畔，缘聚富春江上来。

我们此次工作的地点位于富阳水上运动中心，这里与黄公望隐居地隔江相望，整个建筑设计以山为形，景观以水为韵，依山傍水，当我们第一次踏足这里，无不为场馆的景色所震撼。杭州处处彰显着它的待客之道，此次亚运会不仅给我们提供了良好的工作环境，更为运动员们营造了如诗如画的比赛环境。

杭州以西湖闻名，而对于比赛选址没有选在西湖我们提出了疑惑，负责人向我们耐心解答了这个问题：赛艇、皮划艇不仅需要静水，对场地的长度和宽度更是有着很高的要求，而西湖的长度和宽度无法满足比赛场地的需要，所以才选址在更为适宜的北支江作为赛道。

经过了一周紧锣密鼓的测试演练，在9月20日，我们终于迎来了赛艇项目的开赛日，尽管在这之前我们已经反反复复进行过无数次比赛演练，对整个流程已经熟稔于心，但是正式的比赛开始时，激动和紧张的情绪还是不免涌上心头。

本届亚运会的首金是在赛艇项目中诞生

袁慧珊在富阳水上中心场馆赛艇项目
导入并传输数据

的，所以9月24日决赛日也备受各方关注，当天比赛场馆聚集了相当多的媒体和观众。9点比赛枪声打响，位于终点塔的我们无法看见比赛前半段的实时状况，但隔得很远便能听到来自观众席的加油助威声，随着电脑屏幕上的成绩实时更新，来自中国的两位姑娘保持着领先的优势，但不到终点大家悬着的心都不敢放下。随着距离终点越来越近，"中国队加油"的声音越来越响亮，两位姑娘也是奋起加速，直甩对手几个船位，直到冲线声响起，顿时全场欢呼鼓掌。这是我第一次在现场观看并参与这样重大的赛事，当国歌奏响时，我心中的自豪感油然而生，何其有幸能够见证中国代表团的首金，而且还是杭州亚运会的首枚金牌。

赛艇比赛中发生了一件让我们都十分感动的事，当其他国家的运动员都顺利冲线后，仍有一位来自巴林的运动员还在百米外努力划着，观众们不约而同地为她加油呐喊，呐喊声持续了将近一分钟，直至她顺利冲线。在此之中，我不仅从这位运动员身上看到了她对体育的热爱和对比赛的坚持，即使年龄比很多运动员都大，即便这个国家仅有三名运动员参加比赛，但她们从始至终都没有因为落后而放弃比赛，我也由此真正感受到了“体育无国界”的含义，来者皆是客，我们的观众也充分彰显了对每一位运动员的尊重，彰显出了大国风范。

国庆节那天非常有趣的一件事情是，很多观众没能购买到此次比赛的门票，但我们震惊地发现，在赛道的对岸站满了观众，即使没有座位，他们仍井然有序地排列着，有的甚至穿着整齐划一的服装，手持横幅为我们的运动健儿加油喝彩。这是我第一次听到现场的加油声从四面八方传来，震耳欲聋、振奋人心，放眼望去，我知道，那一抹红叫中国红，那一声声的喊是爱国心，将来自五湖四海的我们凝聚于此。

金风送爽，丹桂飘香，从秋分到寒露，短短十几个日夜，我见证了比赛的精彩纷呈，收获了外国裁判赠予的徽章，记录下了场馆喷泉映射出的彩虹，出见朝阳，归伴夕阳……这些都将成为我 20 岁最珍贵的回忆。感谢缘分让我们相聚于富春江畔，相聚于此次亚运盛会。

心心共相融，最忆是杭州

岳丁丁

岳丁丁个人简介

岳丁丁，管理与传播学院2022级公共事业管理（体育管理方向）专业本科生，在杭州第19届亚运会期间，担任主媒体中心国际广播中心志愿者，主要工作是与制片人对接字幕需求并制作、审核各项目字幕。

杭州这座城市，白居易、苏东坡等大文豪曾倾情为它“代言”；西湖、西溪让多少游人沉醉其中；斑马线让行的文明礼仪、移动支付的便捷生活，都被人们津津乐道……在“上有天堂，下有苏杭”的口耳相传中，我第一次来到这座被国人青睐了千余年的城市，在亚运会中感受到了杭州“时”与“势”的重要交汇。在这场“国际化”的关键考试里，杭州显然交出了精彩的答卷。我所在的亚运会主媒体中心实现了100%绿电能源，无处不在的无线充电、志愿者专线绿色交通、媒体睡眠舱、志愿者之家、菜品种类丰富的自助餐厅……在交通、医疗、饮食、文化等方面全方位提供服务和保障，杭州在千年文明与高度现代化交相辉映下展露出雄厚实力。

感谢、感动于运动员们的奋力拼搏，13岁的崔宸曦夺得街式滑板冠军、17岁的黄雨婷收获射击项目三金、19岁的唐钱婷刷新女子50米蛙泳亚洲纪录……中国代表团在本届杭州亚运会取得了201金111银71铜的成绩，继续在亚运赛场遥遥领先，成为亚运会历史上第一个突破200金大关的国家。看到祖国体育事业蓬勃发展，鲜艳的“中国红”成为赛场上最动人风景，更加燃起了海内外中华儿女的爱国热情，凝聚起强大精神力量。

我在杭州亚运会的志愿岗位是新闻宣传指挥中心电视集锦工程师，具体工作地点为杭州亚运会主媒体中心国际广播中心。在团队中，我主要负责为电视集锦制作字幕板，例如，大家熟知的视频中的奖牌榜、出场队员介绍、对阵国家、比分排名等，都是由我制作添加的。每天需要做的字幕条会根据赛程和项目进行调整。当前方传来已经录制好的比赛视频，制片人根据视频内容，制作赛程工作单发给我，与制片人确认需要的字幕板后，我需要去杭州亚运会赛程信息网站（Info）查找对应场次和信息，再通过亚组委提供的公共代码进行中英文转化，提取信息后输入到已经提前准备好的字幕模板中，以PNG格式保存后打包导入U盘，U盘需要经过杀毒站杀毒后上载到机器中，后期老师们会将我制作的字幕添加到视频后上传至国际广播中心。

万事开头难，在刚开始确定标准时，团队开会讨论到底是跟直播的字幕格式保持统一，还是和亚组委与字幕公司提供的公共代码、字幕手册保持统一？若跟直播系统统一，需要每日与前方字幕导演及时沟通，沟通成本很大，且需要安排专人对接，因人力不足，我们最终选择和公共代码与字幕手册保持一致。接下来就是在几万字符的公共代码中确定选取标准，国家名称是选用long TV name（长电视名称）还是TV name（电视名称）？场馆名称选用ENG Description（电子新闻采集说明）还是ENG Long Description（电子新闻采集长说明）？ENG Long Description是细化到小组赛名称还是比赛场次名称？每一个在字幕中出现的字符背后，都是我们的精挑细选、仔细斟酌。

本届亚运会共有40个大项、61个分项、481个小项，主要分为竞技类、球类、对抗类、水上项目四个大类，我们需要从每个项目的近100个模板中挑选适合制作视频的模板进行整理，整理出信息后跟进比赛进程填入信息。

2023年9月23日第19届杭州亚运会开幕式后，大部分项目开赛，在9月24日至10月4日这段时间，平均每天有12个需要制作字幕的项目，平均一个比赛项目有15场比赛，平均一场比赛需要 4 条字幕，算下来平均每天需要制作 720 条字幕。团队中只有两台字幕机可以运转，每天有规定的视频传送截止时间，我和另外一位老师在工位上一坐就是一天，手脑持续运转。因为每个步骤环环相扣，每一个字符都不容疏忽，尤其是对于晚上开赛的排球、国际象棋、电子竞技等项目，我们需要等到比赛结束后到杭州亚运会赛程信息网站（Info）上查找比分和排名，再根据信息制作字幕，基本上每天凌晨一两点才可以结束工作，团队里的剪辑老师甚至更晚。

在这次志愿服务工作中，我接触到了很多新知识，例如以前对柔术、国际象棋、帆船等比赛规则毫无概念，通过查阅大量资料、观看往届比赛视频等方式有了初步认识，制作字幕时便可以融会贯通了。在此过程中，体育的魅力好像被我慢慢揭开，我发现自己比以前更热爱体育了，这也坚定了我选择体育专业的决心。当然，为了更好地与亚奥理事会（OCA）的老师们进行交流，我也学习了许多运动项目、电视媒体方面的专业英语名称，熟记了几十个亚洲国家的缩写和全拼，许多个夜晚见证了这些单词从书本到我脑子里的过程。

在这次志愿服务中，我切身体会到，也更加懂得了幕后媒体人员的艰辛，每一块大屏、每一帧画面、每一个字符，都是由幕后的那些无名英雄用汗水浇灌出来的。当自己的工作成果被 8K 大屏播放、被全世界人民看到的那一

岳丁丁（左二）在主媒体中心国际广播中心与制片人和志愿者对接字幕需求

刻，当导播切到观众席上的中国观众摇着国旗为运动员呐喊的那一刻，我的泪水顺着脸颊不自觉地流了下来。

2023年8月7日，我告别了成都，告别了就算到最后我还不太熟悉的大运会主媒体中心国际广播中心（IBC）的电子新闻采集（ENG）团队，那天，我说："我们会在哪里重逢呢？"2023年9月18日有了答案，我们在杭州重逢了。

在这趟征途中，我有幸邂逅了几位志同道合的朋友。我们因共同的职业追求而相聚，在无数个日夜的并肩奋斗中，不仅磨砺了技能，更滋养了心灵的契合。我们分享着对体育的热爱与执着，彼此间的理解与鼓励如同灯塔，为应对工作上的每一个挑战与迷茫照亮了方向。这份因工作而结下的深厚友谊，如同珍贵的宝藏，让我们的生涯更加丰富多彩，也让我们相信，在追求卓越的道路上，从不孤单。他们是熟知我睡眠习惯、懂彼此喜怒哀乐、一拍即合、清醒理智又温暖的月月姐；是第一次见面但久仰大名的来国际广播中心（IBC）支援，业务能力过硬的蕾姐；是在杭州、上海、南京、大连来回奔波，处处照顾我，爱吃衢州鸭头的耿直温柔的园园姐；是在最后一天把我送出四号门的，像个天使一样降临在国际广播中心，来人间散播美好的睿一；是高个子、高情商、高水平的周老师；是"五秒到达战场"的靠谱的杨老师；是特别像我堂姐、"95后"胜似"00后"的可爱温柔小胡老师……我想对这些和我年龄相仿的志愿者们说："幸好有你们，还好是你们，最好还是你们"。希望有机会还能再来十月的杭州，感受飘在空气中的桂花香，希望下次重逢时我们依旧面带微笑。

再续五环，志愿杭州

张　诉

张诉个人简介

张诉，管理与传播学院2020级体育经济与管理专业本科生，在杭州第19届亚运会期间，担任杭州滨江体育馆羽毛球项目电视字幕志愿者，主要工作是电视字幕转播以及检查、控制电视字幕信息。

由于疫情原因，原定于2022年举办的杭州第19届亚运会推迟一年举办，作为一名大四的学生，我非常幸运地在本科最后一年参与国际级体育赛事的服务工作。这是我第二次参加国际级体育赛事的志愿服务工作，大二学年，我成功通过了奥运会赛事转播信号（OBS）公司的转播培训项目（BTP），成为一名2022年北京冬奥会冰立方赛区冰壶项目的摄像助理。冬奥之旅在各方面都给我留下了很深刻的印象，身临其境地感受国际级体育赛事的严谨运行模式，也坚定了我出国读研的决心，同时也希望自己可以一直参与奥林匹克赛事的服务工作。在2023年5月学校团委发布亚运会招聘志愿者的消息后，我积极报名参加，最终成功被录取，成为第19届亚运会滨江体育馆赛区羽毛球项目的电视字幕助理。

在报名初期，我其实一直很纠结到底要不要参与，因为作为一名大四的学生，担心服务亚运会的时间会与备考雅思冲突，但由于无法抵挡顶级体育赛事对我的吸引。在与家人和老师商量后，我毅然决然地选择参与到亚运会的赛事服务当中，当一切尘埃落定后，我为当时的选择感到无比庆幸。

回首亚运会之旅，其实并不算一帆风顺。在8月中旬前往杭州培训时，入住的酒店条件相对较差，非常影响睡眠质量以及白天工作的专注度，但是考虑到大局，我和团队成员在历经几次交涉后选择了听从指挥，尽力克服困难。进入正式比赛后，原定四人轮转两台设备两块场地的工作计划临时变成了四人轮转五台

张祈在杭州亚运会羽毛球项目转播车前

设备四块场地，工作难度和压力激增，我们与新奥特公司的黄俊杰老师和学校老师积极沟通，最终派来了两名场馆志愿者协助我们。但羽毛球赛事时长的不确定性以及仍旧短缺人手，使得团体赛阶段工作的强度超乎我们的想象。团队成员每天工作 15 个小时以上，仅有吃早饭和夜宵的时间，想要去卫生间时也只能靠竖屏设备的同学紧急轮转来解决。就这样，团队成员咬牙坚持，为了能够尽全力保障好亚运会整体转播工作的流畅性，我们苦中作乐，休息时间与陌生人交换徽章，在获得心仪徽章后的满足感中消除了些许疲惫。

历时 10 天的转播，滨江体育馆羽毛球项目转播工作圆满结束，有疲惫，有快乐，更多的是成就感。每当我想放弃或者情绪崩溃的时候，会想到服务亚运会的这段经历来之不易，能够获得这个岗位也绝不只是我个人的努力，更多的是学校为我们提供的机会，努力工作是对学校负责，是对老师负责，是对自己负责，更是对每一位在屏幕前收看亚运会比赛的观众负责。带着这份使命感，我努力完成了自己的工作，也交换到了喜欢的徽章。在此我要特别感谢几位老师：团委靳卓老师，作为首都体育学院杭州服务工作的总负责人，靳老师非常辛苦，对在滨江体育馆工作的同学也非常关注，多次协调我们提出的诉求，即使是深夜也会回复我们的问题；滨江萧山区带队老师韦玉，积极沟通并协调我们的诉求，多次前往滨江体育馆看望同学们，给予我们温暖与鼓励；成绩经理杜俊鹏老师，作为从 8 月培训期间全程负责管理我们的老师，为我们解决无数问题与困难，希望以后还有机会与杜老师共事。

坐上从杭州东站开往北京南站的高铁，随着列车缓缓开动，窗外的景色慢慢地向后退去，在杭州经历的一切也仿佛随风飘去，但我会永远记住我人生经历中这浓墨重彩的一笔。

以亚运标记青春

郑哲元

郑哲元个人简介

郑哲元，管理与传播学院2021级新闻学（奥林匹克冰雪方向）专业本科生，在杭州第19届亚运会期间，担任临平体育中心足球项目评论员解说系统（CIS）志愿者，主要负责配合亚运会信息技术指挥中心（ITCC）进行赛前设备调试，赛时负责监管评论员信息系统，审核计时计分部门上传的赛事数据，赛后负责核对比赛数据等。

“日出江花红胜火，春来江水绿如蓝。”白居易笔下的杭州是一幅色彩鲜艳的水彩画，更是许多人心中一个风光旖旎的梦。9月，这座充满诗情画意的城市迎来了一场国际盛事——第19届亚运会，它不仅是亚洲区域内的竞技比赛，也是一次区域文化经济交流、相互促进合作共赢的盛会，它凝聚着祖国的力量，展示着中华民族拥抱世界、拥抱梦想的博大胸怀，也传递着国人对共建人类命运共同体的期许。

2023年9月23日，第19届亚运会在杭州正式开幕，在象征丰收的中国农历秋分时节，来自亚洲各国各地区的体育健儿相聚西子湖畔，携手奏响“同爱同在同分享”的激昂旋律，共同谱写和平、友谊、进步的崭新篇章。

我在杭州亚运会担任足球项目的评论员解说系统工程师一职，在比赛期间，负责检查客户端、核对数据等工作，非常荣幸能够参与这一重大体育赛事，这将成为我一生难忘的经历。

在比赛筹备期间，我经历了紧张而忙碌的工作，但这也让我更好地理解了大型赛事的幕后工作有多么不易。作为一名信息系统工作人员，工作中我也面临了各种技术挑战，包括确保网络稳定、数据安全、结果及时传递等。每一场比赛前，我的工作是把场馆内所有评论员解说系统（CIS）设备点位进行核查，以确保比赛开始后评论员解说系统的正常运行，并和成绩处理的工作人员做好对接，在开赛前一小时，再次核查球员名单、首发名单、裁判员名单、教练员名单以及随队官员名单。比赛期间，我负责核查评论员解说系统是否与场上得分情况以及换人情况等保持了一致，同时，随时与成绩处理的工程师进行配合。赛后，我需要检查晋级图、小组排名情况、个人得分情况等数据。令我记忆深刻的是，一次比赛前，我核查出日本球队人员出现问题，我向成绩经理进行了反馈，老师核对后，快速进行了更改。虽然比赛期间有诸多困难和挑战，但最终我们都成功克服了，并确保系统顺利运行，这些经历都让我得到了成长。

作为工作人员，我也有机会到现场观赛，感受现场观众的激情和运动员的拼搏精神，这种氛围是独一无二的，让我更深刻地感受到了体育的魅力。每场比赛都是一次精彩的表演，每一位运动员都是英雄。他们不畏艰辛，永不言弃，为了梦想而奋斗，我被他们的拼搏和坚持所感染，他们的精神同样也激励着我去追逐自己的梦想。

回顾在杭州亚运会工作的二十几天，充盈在大家脑海中的，有欢笑、有兴奋、有激情洋溢，有时还有热泪盈眶。一个个高能名场面，荡气回肠，给人力量；一个个动人瞬间，出彩

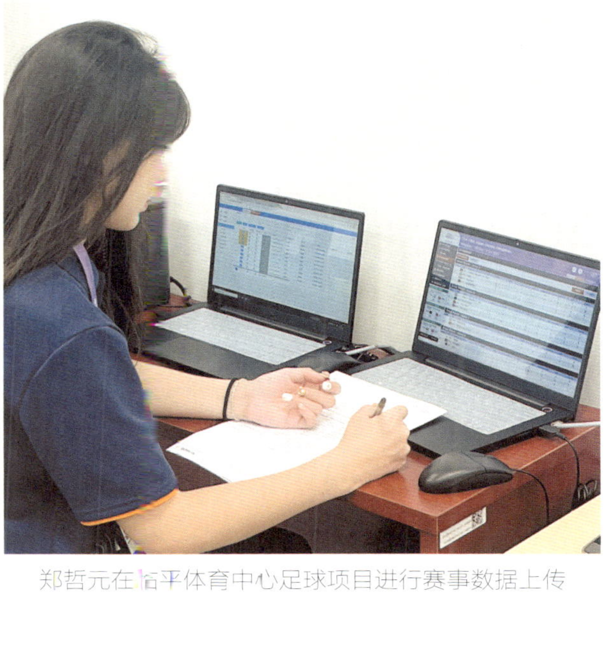

郑哲元在临平体育中心足球项目进行赛事数据上传

出圈，令人难忘。这是一场历史性的文化交流，一次科技创新的突破性跨越，一场激情澎湃的青春嘉年华。我在这场盛会中感受到了中国温度，聆听到了中国声音。

时代接力棒代代相传。我们当高擎“亚运圣火”，传承中国体育精神，从杭州亚运会中汲取智慧力量，以梦想为帆、以奋斗作桨，在全面建设社会主义现代化国家、以中国式现代化全面推进中华民族伟大复兴新征程上，写下浓墨重彩的一笔。

作为当代青年，我能以青春奋斗参与实践的伟大历史进程，何其有幸！生逢盛世，以奋斗书写精彩人生；踏上征程，乘风破浪追光行，不负时代，不负韶华。

以亚运会标记青春，通过亚运会，年轻人得到展示自身才华的机会，也汇聚了年轻人的热情和团结合作精神。亚运会是年轻人追求卓越的舞台，也是展现自信和未来的平台。我很荣幸能在亚运会期间贡献出自己的一份微薄之力。

永不服输的精神

陈　娜

陈娜个人简介

陈娜，冰雪运动学院2022级运动训练专业本科生，在杭州第19届亚运会期间，担任拱墅运河体育公园体育场曲棍球项目计时计分与成绩处理志愿者，主要工作是确认赛场大屏投放正常、比赛结束声音正常，保证赛事顺利进行。

2023年9月23日，杭州亚运会拉开帷幕，每个人都以不同的身份、不同的角度、不同的方式参与到这场亚洲最高规格的国际综合性体育赛事中。而我，成为曲棍球项目计时计分团队的志愿者，有幸“近距离”目睹了一个个惊心动魄的精彩瞬间、一帧帧令人热泪盈眶的感人画面。纵有疾风起，人生不言弃，那是勇于挑战、永不服输的中国精神。

以工作人员的身份参与亚运会，我深刻体会到中国人团结、合作、细致、严谨的精神。大到赛场的整体效果呈现，小到每个小场结束音乐播放的细节，排演也是一遍又一遍做到更加完善，工作人员反复检查设备，生怕会出现一点瑕疵，所有人都在为了杭州亚运会更加精彩而奋斗。

在9月25日曲棍球女子小组赛时，中国队对阵印度队以20：0的成绩旗开得胜，稳定发挥着中国女曲的实力。看了那么多场比赛，最让我激动的是9月28日男子小组排名赛中国队对阵韩国队，那天上演了一场历史性大反转。整场比赛分为四节，每节15分钟。在前三节韩国队展开激烈的进攻，连续进了两个球，中国队也在努力防守反击，在两球过后韩国队再无建树。第四节比赛开始，随着时间快速流逝，所有观众都从满怀希望到认定现实结局，但是赛场上的运动员们没有放弃，永不服输的精神让奇迹发生了！中国队改变了战术突然猛攻，在第四节仅剩下几分钟的时间里连续打进两个球，把比分追平了，在场所有人激动不已，挥动着手里的国旗，重新燃起了希望，大声高呼着“中国队，加油”，赛场上的比拼达到了白热化阶段。在比赛快结束时，中国队获得了一个短角球，这是一次机会，一次赢韩国队千载难逢的机会。我们所有人屏住呼吸心里祈祷着奇迹再次发生，随着裁判的哨声响起，中国队打进了！观众们高呼着，“滴”，结束整场比赛的声音响起，我们在屋里高兴得蹦了起来，奇迹真的出现了，中国队3：2险

陈娜在拱墅运河体育公园体育场与亚运会吉祥物合影

胜韩国队，球迷们挥舞着国旗向场上运动员们竖起大拇指。

小组赛中，中国男曲被分在B组，他们在首轮3 ：2击败了阿曼队，第二轮5 ：1大胜印度尼西亚队，第三轮3 ：2险胜韩国队，第四轮9 ：0大胜泰国队。压轴战中，中国队迎来小组最强对手马来西亚队，因此前小组赛战胜了韩国队，且积分占据优势，所以中国队只要打平即可出线。但受净胜球数的影响，如果中国队输掉本场比赛，将是并列第二的小组积分成绩，无缘小组出线，所以这场比赛显得至关重要。

我记得当晚的运河体育公园曲棍球场氛围拉满，观众席上挂满了为中国队加油助威的横幅，现场观众的加油呐喊声充满整个赛场，最后一节比赛开始后，双方进入激烈的拉锯战，但均未能进球。全场比赛只剩最后25秒，马来西亚队获得一次短角球机会，但中国队紧密协作，携手并肩筑起坚强牢固的防线，最终成功防守，对方未能进球，4 ：4的比分保持到了终场。随着终场哨音的响起，中国男曲以小组第一的身份晋级半决赛。这也是中国男子曲棍球队继2006年多哈亚运会后，近17年来在亚洲比赛中的最好成绩。

让我铭记于心的是10月7日决赛的那晚，中国女曲对阵韩国女曲，面对劲敌，中国女曲展现出了中华民族精神，敢打敢拼，在最后紧要关头超常发挥，一举取得这场比赛的胜利，在场的观众热泪盈眶，自豪地挥舞着手中的国旗，全体起立鼓掌欢呼。中国女子曲棍球队时隔13年再夺亚运会冠军，巾帼不让须眉，《风雨彩虹 铿锵玫瑰》响彻赛场。在颁奖仪式上，主持人激昂地宣布冠军是中国队！当五星红旗迎风飘扬，人们高唱国歌，中国运动健儿们再一次向世界展示了祖国的强悍实力和永不服输的精神。我为中国曲棍球骄傲，我为中国运动健儿们骄傲，我为我是中国人骄傲！

以梦为马，不负韶华

耿梦健

耿梦健个人简介

耿梦健，休闲与社会体育学院2021级休闲体育专业本科生，在杭州第19届亚运会期间，担任绍兴中国轻纺城体育中心场馆男子排球项目计时计分与成绩处理志愿者，主要工作是保证场馆比赛大屏显示和比赛数据实时上传。

转眼间，杭州亚运会已经结束。《印度时报》是这样评价杭州亚运会的："杭州亚运会：中国展示体育力量，好客树立新标准。"各国媒体对这一盛会都予以很高的评价，而这背后不仅离不开国家的支持，也离不开志愿者等服务人员在背后的默默付出。

一个普通人，很难想象这背后有着多少人的心血，藏匿着多少人的汗水，背负着多少人的梦想，寄托着多少人的祝愿。在这个万众瞩目的地方，绝大多数人开始了一次在"家门口"享受体育盛会的人生体验，而我作为工作人员开始了一段崭新的跋涉，许许多多个日子在积淀，许许多多份努力在累积，为杭州亚运会的正常举行贡献着自己的一份力量。

回想过去的几个月，经过志愿者报名、面试、培训、上岗的切身体会，我深深地感受到了志愿者的光荣和使命所在，这一路走来是那么艰辛，但也是那么充实，令人回味无穷。前期的培训就是为了后期服务亚运会做准备的，只有做好了准备，才能真正在亚运会服务期间做得更好。虽然亚运会服务工作只有短短的几个星期，但真正考验自己的也就是这么短短的几天，这几天将是自己参加亚运会服务工作最艰难、最宝贵的时期，也将是自己人生价值得到实现的重要时刻。

耿梦健在中国轻纺城体育中心场馆男子排球项目赛前设备调试后与场馆合影

我很开心，也很荣幸能够成为一名亚运会志愿者，为杭州亚运会奉献一份微薄的力量。我非常珍惜此次志愿者活动，它不仅丰富了我的生活经历，而且还极大地锻炼了我，提高了我的自信心，让我在以后的学习工作中能更好、更快地适应。同时，它也发挥了我的才能，让我在平常的工作中认识到自己的不足，并及时纠正，不断地丰富和完善自己。

通过这次亚运会志愿服务经历，我对"奉献、友爱、互助、进步"这一志愿服务精神也有了更深的理解和感悟。它不仅仅是一种行为，更是一种态度和价值观。它教会了我关爱他人、奉献社会，以及在团队中发挥自己的作用。我相信，这种精神将伴随我一生，并激励我继续为社会作出贡献。在未来的日子里，我将继续传承和弘扬志愿服务精神，积极参与各种社会公益活动。我希望通过自己的行动，影响和带动更多的人加入到志愿者行列中来，共同为建设一个更美好的国家贡献力量。

我们是微光、是微火，微不足道，但同时我们也是新时代青年。青年志，胸怀天下。我们生在红旗下，长在春风里，目光所至皆为华夏，五星闪耀皆为信仰。这一次，我们何其有幸，通过重重考验，成为了亚运会志愿者，也有机会在国际赛事上向世人展现中国青年人的风采。

以梦为马，以汗为泉，不忘初心，不负韶华。这次杭州亚运会的志愿者工作让我收获颇丰，希望还能有机会参与到志愿活动中去，为社会主义建设贡献出自己的一份力量！